Judith Grohmann

Das Ösi-Phänomen

Gewidmet den Teilnehmerinnen und Teilnehmern
des 56. österreichischen Städtetages 2006 in Wien

Judith Grohmann

Das Ösi-Phänomen

Was die Österreicher so erfolgreich macht

Molden Verlag, Wien

Die Deutsche Bibliothek - CIP Einheitsaufnahme

Judith Grohmann
Das Ösi-Phänomen –
Was die Österreicher so erfolgreich macht/Judith Grohmann
Wien: Molden Verlag, 2006
ISBN 3-85485-160-X
2. Auflage

www.molden.at
Umschlagentwurf: Emanuel Mauthe
Lektorat: Helga Sieche
Herstellung: René Billiani
Druck: GGP Media GmbH, Pößneck, Deutschland

ISBN 3-85485-160-X

Für Katharina und Felix,
für Christine und Karl,
und für Wolfgang –
weil sie immer an mich glauben.

„Erst ein solches gesundes Quantum Selbstbewusstsein, erst das Bekenntnis – dieses ohnehin schon vorhandene, aber noch nicht artikulierte, noch nicht formulierte Bekenntnis – zur eigenen Identität wird viele Dinge, die jetzt noch schief liegen, ins rechte Lot bringen. Wir werden wahrscheinlich auch dann noch einen Teil unseres schöpferischen Potentials ins Ausland exportieren müssen, denn Österreich ist ein Überschussland an Kreativität und das Genieangebot ist hierzulande – und darüber sollte man sich freuen – größer als die Möglichkeit, es an Ort und Stelle aufzubrauchen."

Jörg Mauthe, in: Der Weltuntergang zu Wien – und wie man ihn überlebt. Austriakische Einsichten in zukünftige Aussichten.

Inhalt

Vorwort

„Guten Morgen, Herr Direktor.“ Der Hotelgast aus Deutschland stutzt, protestiert schwach. „Leider bin ich kein Direktor.“ Worauf die hübsche Wienerin am Empfang freundlich lächelnd erwidert: „Aber fesch sind Sie wie ein Direktor.“

Welcher Teutone schmilzt da nicht dahin wie Schnee in der Salzburger Märzensonne? Charme haben sie, die Österreicher. Und weil dieser Charme typischerweise nicht allein auftritt, sondern stets Arm in Arm mit seinem wortgewandten Zwillingsbruder, dem Schmäh, waren die Austriaken jahrhundertelang gefürchtete Eroberer. Den Charmeoffensiven der Kaiser aus dem Hause Habsburg hatte Europa nichts entgegenzusetzen, bis der halbe Kontinent von Spanien bis Schlesien dank gerissener Heiratspolitik unter dem Doppeladler vereint war. „Bella gerant alii, tu felix Austria nube!“, frohlockte schon vor 500 Jahren Kaiser Maximilian I. Auf Deutsch: „Kriege mögen andere führen, du glückliches Österreich heirate.“

Dem austriakischen Expansionsdrang hat auch mancher geschichtliche Rückschlag nichts anhaben können. Hinter der Maske alpenländischer Gemütlichkeit sind die Charmeure aus Tirol und der Steiermark eroberungslustig geblieben. So sehr, dass man sie in Berlin und Hamburg neuerdings auch neidisch-respektvoll die „besseren Deutschen“ nennt. Weil sie so erfolgreich sind. Weil sie vom Ehrgeiz gepackt sind, länger arbeiten als ihre nördlichen Nachbarn und inzwischen auch mehr verdienen. Weil ein besonders ansehnliches Exemplar ihrer Spezies, Terminator Arnold Schwarzenegger, Kalifornien im Handstreich erobert hat. Und weil ganz Osteuropa nach dem Fall des Eisernen Vorhangs Wien zu Füßen liegt. Die frühere Metropole der Donau-Monarchie ist heute die Drehscheibe des sprunghaft wachsenden Ost-West-Handels. Die dortige Börse stellt mit ihrer Wertentwicklung seit Jahren alle anderen europäischen Aktienhandelsplätze in den Schatten. Auch deutsche Anleger wissen heute, was der ATX ist. Und während immer mehr Deutsche ihr berufliches Glück als Gastarbeiter zwischen Bregenz und Graz suchen, lockt Österreich mit Niedrigsteuern und Anwerbekolonnen deutsche Firmen in den rot-weiß-roten Alpenstaat – was man in München nicht gerade als Beitrag zur Vertiefung der bayerisch-österreichischen Freundschaft betrachtet hat. Österreichisch-charmant ausgedrückt ...

Und auch das ist Teil des austriakischen Wirtschaftswunders: Österreich ist heute viel zu klein, um die Fülle gut ausgebildeter Talente zu bewältigen. Immer mehr von ihnen verlassen die enge Welt der Alpen und schnappen den Preußen die Spitzenpositionen in der deutschen Wirtschaft weg, wie zum Beispiel Lufthansa-Chef Wolfgang Mayrhuber oder der langjährige RTL-Boss Helmut Thoma.

Judith Grohmann, Wienerin und Österreich-Korrespondentin der Zeitung „Münchner Merkur", spricht vom „Ösi-Phänomen" – und spürt dem Wirtschaftswunder in der Heimat von Sachertorte und Mozartkugeln auch auf unkonventionellen Wegen nach. Sind die Österreicher also wirklich die besseren Deutschen? Vielleicht – aber nicht die besseren Bayern. Deren durchschnittliches Pro-Kopf-Einkommen liegt (noch) über dem der südlichen Nachbarn. In jedem Fall sind sie die einfallsreicheren Deutschen. Austrias Tourismus-Chefs haben gerade beantragt, den „Charme der österreichischen Gastgeber" in die Liste der immateriellen Weltkulturgüter aufzunehmen. Kein Schmäh: Herr Hofrat, Frau Professor und Herr Doktor werden zum Weltkulturerbe. Felix Austria!

Georg Anastasiadis, „Münchner Merkur"

Einleitung

Ein Mann steht in Gedanken versunken auf der Straße. Er mustert die Häuserfront auf der gegenüberliegenden Seite. Sein starrer Blick gleitet langsam von den Dächern auf die Fenster. Dann auf das Eingangsportal. Schließlich holt er tief Luft und blickt auf seine Uhr. Es ist knapp vor zwölf Uhr Mittag und die Straße ist menschenleer. Er ist allein. Nur er und ein paar alte, geschichtsträchtige Häuser um ihn herum. Ein Lächeln manifestiert sich auf seinen schmalen Lippen. Diese Szene ist an und für sich nichts Besonderes – wäre der Mann, von dem hier die Rede ist, nicht Österreichs Bundeskanzler Wolfgang Schüssel vor dem Bundeskanzleramt stehend und ich nicht an jenem Tag im Dezember 2003 mit einem Kollegen auf dem Weg ins Büro gewesen. Wie es meinem extrovertierten Journalistennaturell entspricht, sprach ich den Kanzler ganz einfach an. Seit zwei Monaten war ich als Österreich-Korrespondentin für die bayerische Tageszeitung „Münchner Merkur" tätig und sollte den Kanzler um ein Interview bitten. Sozusagen das Weihnachtsgespräch für unsere Zeitung. Wie es seinem Naturell entspricht, fühlte er sich vermutlich tief geschmeichelt. „Das machen wir schon", war Wolfgang Schüssels prompte Antwort, während er meine Visitenkarte kurz musterte und in die Tasche seines dunkelgrauen Wollmantels steckte. Knapp eine Woche nach dieser Begegnung hatte ich mein Interview, das schlussendlich in allen europäischen Medien zitiert wurde. Als ich meinen deutschen Kollegen erzählte, unter welchen Umständen ich das Schüssel-Interview vereinbart hatte, waren sie extrem verwundert. Den deutschen Kanzler Schröder zu einem Interview zu bekommen, bedürfe der monatelangen „Bearbeitung" seines Sprechers Béla Nicolai Anda, sagte etwa mein Chefredakteur Georg Anastasiadis. Der deutsche Kanzler würde auch niemals ohne seine sechs Bodyguards außer Haus gehen, fügte er noch schmunzelnd hinzu. Ebenso verlässt Deutschlands erste Kanzlerin Angela Merkel nie ohne ihre Bodyguards das Haus. Auch in ihrem Wochenenddomizil in Hohenwalde ist Frau Merkel immer in Begleitung ihrer Sicherheitsleute.

Übrigens hat Österreich lange vor Wolfgang Schüssel bereits Politiker zum Angreifen gehabt. So stellte etwa der ehemalige Bundeskanzler Bruno Kreisky seine Volksnähe durch ein einfaches Mittel unter Beweis: Seine Telefonnummer stand im amtlichen Wiener Telefonbuch. Der Kanzler konnte also zu jeder Tages- und Nachtzeit sowohl von Journalisten als auch von jedem Österreicher persönlich angerufen werden. Und der amtierende Bundespräsident Heinz Fischer wiederum lebt nicht etwa in einer Amtsvilla, sondern bewohnt seit 33 Jahren eine Wohnung in der Josefstadt, dem 8. Wiener Gemeindebezirk. Fischer will daran auch nichts ändern.

Irgendwie haben meine Kollegen vom „Merkur" mit der Zeit den Eindruck gewonnen, dass in Österreich vieles anders sei als in der – oftmals so starr wirkenden – Bundesrepublik. Dass man einen Minister persönlich am Handy anrufen und seinen Sprecher duzen könne – das alles ist für meine deutschen Journalisten-Kollegen schlichtweg eine Sensation. Aber auch ich habe dazugelernt. Etwa dass jenseits der Grenze ein Volk lebt, das ganz und gar nicht so locker wie wir Ösis auf die Dinge zugeht. Diese Erfahrung war mir sozusagen der große Ansporn, dieses Buch zu schreiben. Denn seit einigen Jahren lässt das kleine Österreich mit seinen mittlerweile acht Millionen Einwohnern seinen großen Nachbarn im Norden in Sachen Wirtschafts-, Arbeitsmarktbilanz und Politik ziemlich alt aussehen. Immerhin legte hierzulande das Wirtschaftswachstum seit dem Jahr 1994 jährlich rund einen Prozentpunkt mehr zu als in Deutschland. Das habe vor allem mit der guten Exportbilanz nach Osteuropa zu tun, sagt man heute in der Alpenrepublik. Fast ein Fünftel der Exporte geht schließlich in diese Länder. Noch bemerkenswerter ist, dass inzwischen ein regelrechter Umzug von

Arbeitnehmern und Arbeitnehmerinnen sowie von Firmen aus Deutschland nach Österreich stattfindet. Im März 2005 waren hier 45.605 Deutsche als „Gastarbeiter“ beschäftigt. Vor fünf Jahren waren es nur halb so viele gewesen. Auch deutsche Firmen siedeln sich gern im kleinen Nachbarland an: 2004 lockte die eigens dafür zuständige „Austrian Business Agency“ gleich 47 deutsche Projekte mit einem Volumen von 172 Millionen Euro in die rot-weiß-rote Alpenrepublik. Was wirklich hinter der Erfolgsgeschichte Österreichs steckt, sollen jetzt aber die folgenden Seiten erläutern.

Judith Grohmann

1. Die Mentalität der Österreicher

Wie locker und beständig ist die Alpenrepublik? Korrekt, aber nett sind die Österreicher – auch, und vor allem, am Verhandlungstisch. Bescheidenheit ist eine Zier – auch wenn man gut im Geschäft ist, posaunt man es nicht immer hinaus.

Es gibt viele Gründe, die Österreicher zu mögen. Ein wesentlicher Grund: Sie nehmen nicht alles tierisch ernst. Nicht das Leben, nicht den Tod und auch nicht sich selbst oder die Anderen. Oder, wie formulierte es der Kabarettist Helmut Qualtinger so treffend: „Österreich ist ein Labyrinth, in dem sich jeder auskennt." Doch Österreich ist auch ein denkbar kompliziertes Gebilde, in vielerlei Hinsicht – und zwar für die verschiedenartigsten Betrachter der phantastischen österreichischen Realität, für Austrophile ebenso wie für Austrophobe, für Austriaken wie für Austromasochisten. Das erkannte zumindest der Wiener Journalist, Schriftsteller und Dramaturg Jörg Mauthe, ein souveräner und leidenschaftlicher Österreicher, gekonnt treffsicher und zumeist poetisch in seiner Wortwahl, der sich nicht einmal scheute, den steinigen Weg in die Politik zu beschreiten. Da sich jedoch in Österreich – was übrigens eine der schönsten Eigenschaften dieses Landes ist – auch die Geisteskräfte in herzlicher Distanz zu den Gegenständen ihres Interesses verhalten, da also in Österreich das Denken an sich mit Vorliebe nachdenklich auftritt, sollte man der Mentalität der Alpenrepublik einmal auf den Zahn fühlen. Bis dahin, um mit Mauthe zu sprechen, wäre vielleicht eine Überlegung anzustellen, ob Österreich nicht schlicht und einfach infolge seiner Widersprüche und aus mancherlei Ursachen ein phantastisches Land sei, möglicherweise. Denn zu den faszinierenden Eigenschaften des Phantastischen gehört es ja, dass sich in ihm Widersprüche nicht aufheben, sondern einander zugunsten einer höheren Qualität ergänzen.

Der Österreicher selbst wird von seinen Mitbürgern übrigens als traditionsbewusster und geselliger Mensch gesehen, nicht aber als modern und aufgeschlossen, erhob das Meinungsforschungsinstitut Market. Auf die Frage, was auf die Mentalität der Mitbürger voll und ganz zutreffe, nannten gleich 47 Prozent der Befragten das Thema Traditionsbewusstsein – weitere 44 Prozent das Thema Geselligkeit. Dass Herr und Frau Österreicher Familienmenschen sind, bekräftigten 38 Prozent. Nur jeder Fünfte attestierte dem Alpenvölkchen kulturinteressiert zu sein, von multikulturell mit acht Prozent Nennungen ganz zu schweigen. Eher wird Österreich als patriotisch anständig beschrieben, als pflichtbewusst, fleißig und als Volk, das gutes Essen zu schätzen weiß. Außerdem zieht der Österreicher allemal die Gemütlichkeit der Aktivität vor, denn sportlich oder gesundheitsbewusst ist er nur in den Augen weniger. Nach eigenen Angaben der Befragten sind Modernität und Kreativität nicht unbedingt ihre Sache. Zur Religiosität bekennt sich ein knappes Fünftel, etwa gleich viele wie zum Kulturinteresse. Beim Selbstbild gibt es allerdings große Unterschiede nach Alter und Geschlecht. Außerdem: Waren sich Männer und Frauen bei der Charakterisierung der typischen Österreicher noch weitgehend einig, so gibt es doch Unterschiede, wenn es um die eigene Person geht. Die Österreicherinnen beschreiben sich viel eher als Familienmenschen, häuslich, kreativ, kulturinteressiert und modern. Mehr als zwei Drittel behaupten weiters von sich, anständig zu sein, bei den Herren der Schöpfung hingegen nur jeder zweite. Sie sehen sich dafür stärker in der Rolle des Gourmets und Patrioten. Pflichtbewusstsein, Anstand und Fleiß werden von den Befragten fortgeschrittenen Alters am stärksten für sich in Anspruch genommen, während sich Österreichs Jugend eher als sportlich und modern sieht. Das heißt also, dass sich die Österreicher selbst am wenigsten mit ihren Mitbürgern identifizieren, wenn es um ihre Stärken wie etwa Höflichkeit und Anständigkeit geht. Sie trennen scharf zwischen Selbst- und Außenansicht.

Dass sich seit dem Beitritt Österreichs zur Europäischen Union vor rund zehn Jahren schön langsam auch ein gewisses Europa-Gefühl entwickelt hat – wenn es auch nur eine kleine Zahl an Ösis befallen haben mag –, bestärkt eine Lifestyle-Studie des Fessel-GfK-Instituts. Demnach hängen die Österreicher und Österreicherinnen an ihrer Nation oder ihrer Region, gegenüber Europa herrschen pragmatische Gefühle. Deshalb begrüßt eine Mehrheit die Erweiterung der EU. Als was fühlen sich Herr und Frau Österreicher – als Angehörige ihrer Nation, ihres Bundeslandes, ihrer Region, Europas oder gar der Welt?
Nun: In erster Linie sehen sich die Österreicher als Österreicher. An zweiter Stelle folgt dann die Identifikation mit Region und Bundesland. „Europäer" findet man mit zwölf Prozent vergleichsweise selten in der Alpenrepublik. Weltbürger noch seltener. Diese Einschätzungen variieren, so die Studienautoren, jedoch je nach Bundesland. So etwa fühlen sich am stärksten die Oberösterreicher ihrer Region verbunden – also ihrer unmittelbaren Lebensumgebung, die nicht mit dem Bundesland gleichzusetzen ist. 46 Prozent sehen sich als Österreicher und 18 Prozent als Oberösterreicher. Ähnliches gilt für die Tiroler, die ihre Identität zu 50 Prozent aus ihrer Region schöpfen, 32 Prozent sehen sich als „Tiroler" und nur 30 Prozent als „Österreicher".
Anders sieht die Sache jedoch in der Bundeshauptstadt Wien aus. Hier fühlen sich gleich 54 Prozent der Bewohner als Österreicher, 32 Prozent als Wiener und nur 15 Prozent ihrer Region zugehörig. Die Kosmopoliten sind übrigens in Vorarlberg – im „Ländle" – zuhause. Im westlichsten Bundesland sagen 18 Prozent der Befragten, sie fühlen sich als Europäer. Zwölf Prozent sehen sich als Weltbürger. Bei der Frage nach der Identifikation schien es hier auch keine Ge-

schlechterdifferenz zu geben: Denn da sagen wiederum 50 Prozent der Frauen und 46 Prozent der Männer, dass sie sich als Österreicher sehen. Ebenso sind die Unterschiede zwischen verschieden hohen Haushaltseinkommen und dem Zugehörigkeitsgefühl nicht relevant.
Die Identifikation der Österreicher mit Europa wird vorwiegend pragmatisch gesehen. Lediglich zwölf Prozent fühlen sich als Europäer. Diese stammen vor allem aus der obersten Bildungsschicht. Europa wird in erster Linie als Wirtschaftsraum gesehen, aber auch als gemeinsamer kulturell-zivilisatorischer und historischer Bezugspunkt. Auch die Einstellung zur EU ist in erster Linie eine pragmatische. Drei Viertel haben Auswirkungen der Mitgliedschaft festgestellt, allerdings nur ein knappes Drittel bemerkt Auswirkungen auf das eigene private Leben. Der Beitritt zur EU wird von den Österreicherinnen und Österreichern als richtig angesehen. Lediglich eine Minderheit bezweifelt dies. Gleich 37 Prozent der Befragten geben jedoch an, dass ihre Erwartungen erfüllt wurden. In Sachen EU-Erweiterung waren die Gefühle der Österreicher zu Beginn eher skeptisch: So sagten zwar 60 Prozent, die Erweiterung würde mehr wirtschaftliche Chancen eröffnen, 47 Prozent glaubten jedoch nicht, dass dadurch mehr Sicherheit für das Land entstehen werde.

Die Österreicher sind in Wahrheit modern und altmodisch zugleich. Sie sind einerseits kosmopolitisch, andererseits endemisch. Auch das ist ein wichtiger Aspekt, um die Mentalität dieses Landes besser zu erfassen. Die Einstellung der Bewohner der Alpenrepublik zum Ausland scheint zwar ambivalent zu sein, doch sie sehen es heute in einem freundlicheren Licht als noch vor acht bis zehn Jahren. Ungeachtet mancher Vorbehalte gegenüber der EU und der schockartigen Erfahrungen durch die einstigen Sanktionen gegen Österreich verstärkt sich in der Bevölkerung die Bereitschaft zum Kontakt, aber auch der Respekt gegenüber den Leistungen anderer Nationen. Darüber hinaus hat die persönliche touristische Erfahrung zu einer gewissen Vertrautheit mit Menschen anderer Länder und Regionen geführt und das Gefühl mentaler Verschiedenartigkeit stark reduziert. So jedenfalls lauteten die Erkenntnisse aus einer Trendbeobachtung des IMAS-Instituts, bei der geprüft wurde, wie die Bevölkerung die anderen Nationen hinsichtlich ihrer Fortschrittlichkeit, ihrer politischen und wirtschaftlichen Bedeutung sowie ihrer Gefühlshaltung gegenüber Österreich einschätzt. Zunächst schien den Marktforschern interessant, in welchen anderen Ländern die Österreicher schon selbst gewesen seien. Insgesamt 75 Prozent und damit drei Viertel aller erwachsenen Österreicher verfügen über Erfahrung mit der Bundesrepublik Deutschland. 71 Prozent waren bereits ein- bis mehrmals in Italien. Knapp die Hälfte der Österreicher war in Ungarn, jeweils rund zwei Fünftel in Griechenland oder in der Schweiz. Etwa ein Drittel der Bevölkerung kennt den Balkan, Spanien oder Frankreich, jeweils rund ein Viertel der Erwachsenen war irgendwann in Tschechien, Slowenien, England oder in der Türkei. Schon 18 Prozent waren in den USA. Am stärksten zugenommen hat seit 1994 die persönliche Kenntnis der Mittelmeerländer, Englands und Tschechiens.

Nun zu den Details der Befragung:

- Als besonders modern und fortschrittlich gelten bei den Österreichern die USA, vor den Deutschen. Gefolgt von England, Italien, Holland und Finnland.

- Als besonders bedeutsam für die Pflege guter Beziehungen betrachtet der Österreicher vor allem Deutschland (70 Prozent). Mit einem relativ deutlichen Abstand werden die USA sowie die Schweiz genannt. Auch von der Notwendigkeit besonders guter Beziehung zu Frankreich sind die Österreicher nicht mehr ganz so überzeugt wie früher. An Bedeutung gewonnen haben allerdings Slowenien, die Balkanländer, Russland und die Ukraine.

• Der Mentalität der Österreicher am ähnlichsten scheinen zu 66 Prozent die Deutschen und erst in zweiter Linie die Schweizer zu sein. Eine Wesensverwandtschaft empfinden sie mit den Ungarn.

• Unterschiede in der Mentalität und Lebensweise bestehen nach Auffassung der Österreicher vor allem zu den Chinesen, den Türken und den Japanern.

• Eine Ablehnung vermuten die Österreicher am ehesten bei den Israelis, den Tschechen und den Franzosen.

Die zweifellos kosmopolitischer gewordenen Einstellungen der Bewohner der Alpenrepublik haben letztendlich, so die Studienautoren, doch nicht zu einer Art Fernweh geführt, in dem Sinne, dass man sich für längere Zeit in fremden Ländern aufhalten möchte. Im Gegenteil: Das Verlangen nach einem längeren Verbleib im Ausland ist in den vergangenen acht Jahren zurückgegangen. Sofern die Österreicher überhaupt an eine berufsbedingte Verlagerung ihres Daseins ins Ausland denken, würden sie am ehesten die USA in Betracht ziehen. Abgesehen davon üben etwa Italien, die Schweiz, Deutschland und Spanien einen – wenngleich mäßigen – Reiz für längere Aufenthalte aus. So viel zur Mentalität der Österreicher und Österreicherinnen. Nun scheint klar zu sein, in welchem Verhältnis sie zu sich selbst und zu anderen EU-Ländern stehen.

Die Österreicher sind ein waches, interessiertes Völkchen. Sie hatten eigentlich keine Berührungsängste mit den angrenzenden späteren EU-Beitrittsländern, deshalb waren sie auch gleich nach der Öffnung des Eisernen Vorhanges im

Jahr 1989 die ersten Investoren in diesen Regionen – lange vor anderen europäischen Ländern. Viele österreichische Unternehmen wurden durch die dramatische Ausweitung ansprechbarer neuer Märkte magnetisch angezogen. Hatte ein Großteil der Betriebe bis vor zwei Jahren lediglich die sieben Millionen Konsumenten im Visier, so verzehnfachte sich diese Zahl mit der großen EU-Erweiterung. Bis Ende des Jahres 2004 sind 14 Milliarden Euro an Investitionsgeldern von Österreich nach Osteuropa geflossen. Davon entfallen auf jeden Österreicher 1750 Euro. Zum Vergleich: Bei den Deutschen sind es lediglich 440 Euro. Mehr als 300.000 Menschen arbeiten heute für österreichische Unternehmen in diesen Regionen. Auf die Einwohnerzahl bezogen ist die Alpenrepublik somit einer der größten Direktinvestoren in den neuen EU-Ländern. Zum Jahresbeginn 2004, unmittelbar vor der Erweiterung der EU, haben die 19 zentral- und osteuropäischen Länder mit einem Anteil von 36,8 Prozent die alte EU mit 34,5 Prozent als Zielregion österreichischer Direktinvestitionen erstmals überholt. Seit 1. Mai 2004 gehören allerdings acht dieser Länder zur EU, die somit nach der Erweiterung auf einen Anteil von 63 Prozent kommt. Da im Jahr 2004 laut Zahlungsbilanzstatistik sogar mehr als die Hälfte aller österreichischen Direktinvestitionen nach Osteuropa geflossen sind, dürften die österreichischen Investoren ihre Position dort im vergangenen Jahr weiter ausgebaut haben. Besonders deutlich wird dies anhand der von den heimischen Wirtschaftsforschern gesammelten Partnerlanddaten, wo Österreich nunmehr in drei Ländern, nämlich in Kroatien, Slowenien und Bulgarien, zum wichtigsten Auslandsinvestor geworden ist. Stark verbessert hat sich die Position Österreichs auch in Rumänien, wo es zuletzt – vor allem durch den Erwerb der Petrom durch die OMV – vom 7. auf den 2. Platz vorgerückt ist. Den Spitzenplatz in Bulgarien verdanken die Bewohner der Alpenrepublik vor allem der Beteiligung an der bulgarischen Mobilkom, die im Früh-

jahr 2005 an die Telekom Austria verkauft wurde. Neben der Telekommunikation und dem Energiebereich muss man vor allem auch die atemberaubende Schnelligkeit bei der Expansion des heimischen Bankensektors sehen: Erste Bank, Bank Austria-Creditanstalt und Raiffeisen International nehmen bei unseren Nachbarn eine dominierende Stellung ein. Die Erste Bank als führende Privatkundenbank Zentraleuropas, die Bank Austria-Creditanstalt als führende Universalbank und Raiffeisen als führende Kommerzkundenbank. Auch der Ziegelhersteller Wienerberger erwirtschaftet rund 28 Prozent seines Umsatzes in den Nachbarländern. Eine Rückkehr? Immerhin unterhielt zur Zeit der Donaumonarchie das Unternehmen Werke in fast allen Kronländern. Selbst der Wiener Zuckerhersteller Agrana ist ein Ostpionier und hat nach Ungarn, Rumänien, in die Slowakei und nach Tschechien expandiert. Im Bereich Papier-, Karton- und Verpackungsindustrie findet man Mayr-Melnhof in acht osteuropäischen Ländern, und die Constantia Packaging unterhält sechs ihrer neun Werke ebendort. Auch der österreichische Heimwerker-König bauMax erzielt zwölf Jahre nach der Öffnung seiner ersten Filiale in Osteuropa knapp 50 Prozent des Gesamtumsatzes in Tschechien, der Slowakei, Ungarn, Slowenien und Kroatien. Weiters haben die Immobilien-Kaiser Österreichs, allen voran die Immofinanz mit ihrer Tochtergesellschaft Immoeast, die Immorent, aber auch etablierte österreichische Player, wie die CA Immo AG oder Meinl European Land, sowie die Immobilien-Töchter der heimischen Banken in den Nachbarländern wertvolle und entwicklungsfähige Märkte und Marktnischen gefunden.
Einer der wichtigsten Gründe für Österreichs starken Auftritt in Osteuropa, im Vergleich zum Nachbarland Deutschland, ist die anfängliche Ablenkung der deutschen Industrie durch die Wiedervereinigung.

Schon vor dem offiziellen Startschuss zur EU-Erweiterung im Jahr 2004 waren Österreichs 500 beste Manager bereits zur Überzeugung gelangt, dass diese der heimischen Wirtschaft deutlich mehr Chancen als Risken bringen werde. Gleichlautend waren auch die Ermittlungen der Managementberatung A.T. Kearney und des Instituts für Unternehmensführung an der Wirtschaftsuniversität Wien. Jene österreichischen Betriebe, die gut auf die EU vorbereitet waren, weisen heute deutlich höhere Umsatzzuwächse aus. Allerdings fühlte sich lediglich ein Drittel der Unternehmer ausreichend auf die EU-Erweiterung vorbereitet. Bei Geschäftsbeziehungen zum Ausland liegen die Schwerpunkte österreichischer Unternehmen in den unmittelbaren Nachbarländern: Die meisten Aktivitäten setzen oder planen die rot-weiß-roten Betriebe in der Slowakei, in Tschechien, Kroatien, Polen und Ungarn. Entgegen den internationalen Trends werden Märkte wie China, Russland und die Türkei zurückhaltend betrachtet. Investitionsentscheidungen treffen Österreichs Manager vor allem nach den Kriterien Rechtssicherheit, Marktvolumen und Marktwachstum. Steuerliche Rahmenbedingungen spielen für 37 Prozent eine wichtige Rolle, die vorhandene Infrastruktur nur für 30 Prozent. Für die Unternehmen ergeben sich aus der EU-Erweiterung nicht nur große Chancen, auch notwendige Veränderungen mussten getätigt werden. In erster Linie waren die Vertriebsmärkte und -kanäle zügig auszubauen, rechtzeitige Informationsbeschaffung war dafür eine Grundvoraussetzung. Von besonderer Wichtigkeit ist es auch, sich in der Organisation an den erweiterten Heimmarkt anzupassen: Dazu zählt etwa die frühzeitige Integration osteuropäischer Mitarbeiter.

Nach der großen EU-Erweiterung befragte A.T. Kearney erneut 500 Manager in Österreich zu ihren Erwartungen. Und sie äußerten sich durchwegs sehr optimistisch. Gleich 93 Prozent der befragten Führungskräfte sehen heute die

Erweiterung als positiv, 96 Prozent rechnen mit einem steigenden Wirtschaftswachstum, 85 Prozent erwarten einen Anstieg der Wettbewerbsfähigkeit und der Bedeutung des Wirtschaftsstandortes Österreich. Aus der Sicht der Manager hätten sich die Rahmenbedingungen für Investitionen in den neuen EU-Ländern verbessert. Vor allem das anhaltende Marktwachstum sowie Verbesserungen in der Infrastruktur und Rechtssicherheit trugen dazu bei. Österreichische, deutsche und schweizerische Produktionsunternehmen sahen unterschiedliche Chancen bei Engagements im Osten. Während für deutsche Manager die niedrigeren Produktionskosten im Vordergrund stehen, erwarten sich Österreicher auch Erfolge durch Know-how-Transfers. Als Risiko sehen österreichische Unternehmen in erster Linie Sprachbarrieren. Für die Schweizer stellen Unterschiede in Kultur und Mentalität die größten Hürden dar. Auch bei konkret geplanten Aktivitäten gibt es unterschiedliche Ansichten. Im Gegensatz zu deutschen und Schweizer Managern sehen österreichische vor allem den Anpassungsbedarf der Organisationen in den neuen EU-Ländern. Der Know-how-Transfer werde eine zentrale Rolle spielen und nur dann funktionieren, wenn es entsprechende lokale Kooperationen gibt. Im internationalen Vergleich sehen im Übrigen österreichische Führungskräfte die Erweiterung am positivsten – auch was die langfristigen Erwartungen und Zukunftsperspektiven betrifft, liegen sie vor den Deutschen und den Schweizern. Dies ist vor allem auf die erfolgreichen bestehenden Geschäftsbeziehungen zurückzuführen. Laut Robert Kremlicka, Chef von A.T. Kearney Österreich, wird die Fortsetzung der österreichischen Erfolgsstory in den neuen EU-Ländern in Zukunft anspruchsvoller und der Wettbewerb schärfer, die Gewinnmargen werden dadurch geringer ausfallen. Österreichische Unternehmen müssen Vertrieb, Einkauf und Kostenstrukturen verbessern – und noch viel stärker als in der Vergangenheit in den Or-

ganisationsaufbau in Osteuropa investieren sowie die Personalressourcen ausschöpfen.
Wie auch immer, die EU-Erweiterung brachte der österreichischen Wirtschaft einen regelrechten Kick. Herbert Stepic, Vorstandsvorsitzender der RZB-Tochter Raiffeisen International Bank-Holding AG, bekräftigt, dass die Ausweitung der EU nach Osten die „einzigartige Möglichkeit, in einen wachsenden Markt zu expandieren" darstelle. Die Österreichische Banken-Holding ist übrigens mit 16 Tochterbanken die Nummer eins in 15 Ländern Mittel- und Osteuropas – einschließlich des Balkans.

Durch die Ostöffnung und anschließend durch die EU-Erweiterung ist die Bundeshauptstadt Wien zur bevorzugten Geschäftsadresse für Osteuropa geworden. Von hier aus koordinieren rund 1000 ausländische Tochterunternehmen ihr Engagement in Mittel- und Osteuropa. Darunter findet man illustre Namen wie Coca Cola, Chrysler, McDonald's, IBM, Renault, Philips, Shell. Der Münchner Multi Siemens ist über die Siemens AG Österreich der größte heimische Arbeitgeber und wickelt über seine Österreich-Zentrale das Geschäft in sieben osteuropäischen Ländern ab, bei einem Umsatz von etwa neun Milliarden Euro. Auch die österreichische Wirtschaft nützt unaufhörlich ihre Chancen. Offensichtlich werden in Osteuropa österreichische Geschäftspartner leichter akzeptiert als deutsche. Das freut sogar den österreichischen Finanzminister Karlheinz Grasser. Er sagt: „Wir sind das unauffällige, freundschaftliche Nachbarland, nicht der dominante, übermächtige Partner." Das Resultat kann sich sehen lassen: Investor Nummer eins in Slowenien, Kroatien, Rumänien und Bulgarien. Nummer drei in Ungarn, Tschechien, der Slowakei. „Es wäre völlig verfehlt und irreführend, würde man – bei dem zurzeit vorherrschenden EU- und Wirtschaftspessimismus – nicht die vielen positiven Integrationswirkungen gebührend würdigen, die die EU für jedes einzelne Mitgliedsland bringt. Die wirtschaftliche Integration Europas dient zur Sicherung der gerade für kleine Länder wie Österreich so wichtigen, offenen Wettbewerbsordnung", sagte der Gouverneur der Österreichischen Nationalbank, Klaus Liebscher, während eines Festaktes zum 50-jährigen Bestehen der Deutschen Handelskammer in Österreich. Zum aktuellen EU-Pessimismus meint Liebscher, dass es sich Europa im Interesse seiner Bürger nicht leisten könne, in Orientierungslosigkeit oder Stagnation zu verfallen. Der EU-Integrationsprozess folge ja nicht einer einfachen, geradlinigen Strategie. Die EU habe in der Vergangenheit stets die Fähigkeit bewiesen – auch bei Rückschlägen –, flexibel Lösungen zu finden, die sich mit den Meinungen und Interessenlagen der vielen Parteien vereinbaren lassen. Die europäische Integrationsarbeit müsse – nach einer Nachdenkpause – wieder intensiv weitergehen. Eingeleitete Reformen würden zielstrebig umgesetzt werden und es muss die Bereitschaft für weitere Reformmaßnahmen aufrecht bleiben, um Wachstum und Produktivität der Europäischen Union zu steigern. Mit einem Reformstillstand würde kein Wirtschaftswachstum erzielt. Es dürfen keine übertrieben nationalen, partikulären oder gar protektionistischen Interessen über eine gemeinsame Entwicklungsperspektive der Europäischen Union gestellt werden. „Dazu braucht es aber auch politisches Leadership", sagt Liebscher. Die wirtschaftliche Bilanz der EU-Mitgliedschaft Österreichs sei überaus positiv. Der Beitritt zur Europäischen Union hat als Katalysator für Neuerungen gewirkt, so fasste Liebscher die Auswirkungen von Österreichs zehnjähriger EU-Mitgliedschaft zusammen. Die BIP-Wachstumsperformance habe in den Jahren 1995 bis 2004 mit 2,1 Prozent p.a. dem EU-Niveau entsprochen. Mit einer durchschnittlichen Inflationsrate von 1,5 Prozent seit dem EU-Beitritt liege Österreich an dritter Stelle innerhalb der EU-15. Die Warenexportquote sei von 25 auf 38 Prozent gestiegen. Der Arbeitsmarkt zähle vergleichsweise zu den erfolgreichsten der EU. Auch die deutsch-österreichischen Wirtschaftsbeziehungen hätten von der Mitgliedschaft Österreichs in der EU stark profitiert. Deutschland sei mit einem Handelsvolumen (also mit den zusammengerechneten Warenexporten und -importen) von 67 Milliarden Euro im Jahr 2004 der mit Abstand wichtigste Wirtschaftspartner Österreichs. Ein Drittel aller österreichischen Exporte gehe nach Deutschland, 43 Prozent der Gesamteinfuhren kämen aus Deutschland. Österreich sei Deutschlands siebentwichtigstes Exportland, es nehme 5,4 Prozent aller deutschen Exporte ab, mehr als China und Russland zusammen. Österreichs Wirtschaft sei gut aufgestellt: ein Industrieland mit Vorzeigebetrieben und Vorzeigemanagern.

Was wäre aber Österreichs Wirtschaft ohne ihre Wirtschaftskapitäne? Ohne die Vorzeige-Ösis, die auf der ganzen Welt vertreten sind. Man findet sie im Tourismus, im Handel, in der Industrie, ja sogar in der Filmbranche. Sie sind tüchtig, aber bescheiden. Denn Österreicher zeigen ihre wahren Werte nicht gerne öffentlich. Sie arbeiten hart, aber effektiv. Ihren Ruhm genießen sie viel lieber für sich allein. Das ist eine Form der Bescheidenheit, die die Bewohner der Alpenrepublik auszeichnet. Gut sein, aber nicht zu laut trommeln. Erfolgreich sein, den Erfolg ausbauen und sich daran erfreuen. Nicht so viel Trara machen. Wer weiß, was noch kommen mag. Dennoch muss sich Österreich für seine Söhne und Töchter, die international Karriere gemacht haben, nicht genieren.

Hier ein kurzer Streifzug durch die Riege der österreichischen Parade-Manager. Zu ihnen zählt etwa Peter Brabeck-Lethmate, Chef des Weltkonzerns Nestlé. Der Kärntner Hobby-Bergsteiger (Zitat „Financial Times Deutschland"), Jahrgang 1944, begann seine Karriere nach dem Abschluss seines Wirtschaftsstudiums gleich bei Nestlé in Wien als Tiefkühlkostverkäufer. Man schrieb damals das Jahr 1968. 1997 wurde er, nach Stationen in Ecuador, Venezuela und Chile, Chef des größten Nahrungsmittelherstellers. Brabeck ist seit dem letzten Jahr Präsident des Verwaltungsrates im Konzern. Eine wichtige Auszeichnung wurde ihm im Jahr 2001 zuteil, als er aus der Hand des Wiener Bürgermeisters, Michael Häupl, im Haus der Industrie den Schumpeter-Preis verliehen bekam. Geehrt wurde er an diesem Abend für seine besonders verantwortungsvoll wahrgenommene Führungsrolle, die sich nicht nur in der Gewinnmaximierung des eigenen Unternehmens erschöpft, sondern auch die Umwandlung einer 139 Jahre alten Lebensmittel- und Getränkefirma in eine moderne Nahrungs-, Wellness- und Gesundheitsfirma beinhaltet. Nestlé beschäftigt heute immerhin weltweit 230.000 Mitarbeiter. Im Nahrungsmittel-Markt, einem Schwerpunkt des Unternehmens, hält Nestlé für Europa 32 Prozent, in den USA knapp 40 Prozent. Brabeck-Letmathe habe sich, laut Aussage der in Wien ansässigen Schumpeter-Gesellschaft, konsequent den brennenden Fragen der Welt wie auch den sozialen Anliegen der Mitarbeiter gestellt. „Als ich das erste Mal so gesprochen habe, glaubten alle, ich wäre esoterisch", sagt Brabeck-Lethmate heute. „Das ist natürlich eine große Änderung für einen Supertanker, wie wir es sind. In Zukunft wird der Schwerpunkt des Unternehmens in der Forschung und Entwicklung liegen, aber auch von der Biowissenschaft abhängen."

Ein weiterer Parade-Manager aus Österreich ist der derzeitige Lufthansa-Boss Wolfgang Mayrhuber. Der gebürtige Oberösterreicher aus Waizenkirchen, Jahrgang 1947, startete seinen „Höhenflug" nach der Matura an der HTL in Steyr mit einem Maschinenbau-Studium am Bloor Institute in Kanada. Vorausblickend absolvierte er gleich noch ein Executive Management-Training am Massachusetts Institute of Technology in Boston. Nach dem Studium landete er dann schnell bei der Lufthansa AG in Hamburg, in der Abteilung Triebwerksinstandhaltung. 1992 wurde Mayrhuber Leiter der Technischen Direktion sowie Generalbevollmächtigter des Bereichs Technik und leitete nebenher das Lufthansa-Sanierungsteam, um die zu dieser Zeit in schwerem Sinkflug befindliche Kranich-Fluglinie wieder auf Kurs zu bringen. Von da an befand sich seine Karriere in ständigem Höhenflug: Zwischen 1994 und 2000 leitete er die Lufthansa Technik AG. Ab 2001 wurde er schließlich Vorsitzender des Bereichsvorstandes für das Passagierfluggeschäft. Parallel dazu wurde das Ressort „Passage" im Konzernvorstand neu geschaffen: Es war das mit 30.000 Mitarbeitern größte Lufthansa-Geschäftsfeld, und Mayrhuber wurde dessen Leitung übertragen. 2002 stieg der Österreicher zum stellvertretenden Vorsitzenden der Lufthansa AG auf: Somit hatte ihm der damalige Vorstandschef Jürgen Weber den Weg an die Konzernspitze geebnet. 2003 wurde Mayrhuber schließlich Lufthansa-Vorstandschef. Wolfgang Mayrhuber hat maßgeblichen Anteil daran, dass die Lufthansa AG ihren Platz in der Spitzengruppe der weltweit agierenden Fluglinien festigen konnte. Seine selbst erklärte „Vorliebe für geschäftliche Überraschungen und schnelle, flexible Reaktionen dürfte er auf dem Chefsessel umsetzen können", schrieb der „Münchner Merkur" im Jahr 2002. Im März 2005 übernahm die Lufthansa die marode Schweizer Fluglinie Swiss. „Mit der Swiss kaufte Mayrhuber sich vor allem ein Stückchen Prestige", schrieb die „Financial Times Deutschland" im letzten Jahr. Und das sei schließlich sein Mantra, das er seit Amtsantritt herunterbete: „Lufthansa-Kunden sollen beim Service das Gefühl von Maßanfertigung haben, nicht von Massenproduktion." Was soll's. Mayrhubers Vertrag wurde auf weiter fünf Jahre verlängert. Flying high, eben.

Ebenso ein wirtschaftliches Wunderkind ist der ehemalige Rennfahrer Nikolaus Lauda. Denn wenn die Frage nach dem bekanntesten lebenden Österreicher gestellt wird, lautet eine Antwort bekanntermaßen Arnold Schwarzenegger, die andere Niki Lauda. Letzterer ist ein Mann, der zu den besten Formel-1-Piloten aller Zeiten zählt. Gleich drei Mal errang er den wichtigsten Titel des Motorrennsports, den des Formel-1-Weltmeisters. Nach seinem spektakulären Autounfall im August 1976, wo er nur um Haaresbreite dem Tod entronnen war, und seinem sofortigen Wiedereinstieg in den Motorrennzirkus wechselte der Getriebene im Jahr 1985 endgültig das Getriebe und baute eine Fluglinie mit dem Namen „Lauda Air" auf. Daneben fungierte er lange Zeit als Berater bei Ferrari. 1992 erfolgte eine engere Zusammenarbeit mit der Lufthansa, und 1997 beteiligte sich die Austrian Airlines (AUA) zu 36 Prozent an der Lauda Air. 2001 wurde die Beteiligung zuerst auf 55 und schließlich auf 99 Prozent erhöht, bis schließlich 2002 die Lauda Air zur Gänze von der Austrian Airlines übernommen wurde. Niki Lauda war bereits am 21. November 2000 aus der Fluglinie, die seinen Namen trägt, ausgeschieden. 2003 wurde die Lauda Air Teil der Austrian Airlines Group und besitzt heute 18 Flugzeuge. Im Rahmen der Insolvenz der Aero Lloyd übernahm Niki Lauda schließlich die Mehrheitsanteile an der Aero Lloyd Austria GmbH und gründete Ende November 2003 wieder eine eigene Airline. Diese firmiert heute unter NL Luftfahrt GmbH und benützte vorerst für ihren Außenauftritt den Namen flyniki. Anfang 2004 wurde der Name der Fluglinie auf Niki umbenannt. Mit der deutschen Air Berlin besteht heute eine enge Kooperation. Lauda sagt über die vergangenen Turbulenzen: „Mein größter Fehler war, dass ich die kulturellen Unterschiede zwischen Firmen unterschätzt habe. Ein Merger sieht logisch aus – nur die Menschen spielen nicht mit. Die Air-Berlin-Kultur ist aber die gleiche wie meine. Die haben einen Zug drauf, da geht alles schnurgeradeaus." Und über sich selbst: „Fad wird mir es erst, wenn alles perfekt rennt."

Blickt man gen Hollywood, so findet man dort eine Vielzahl von interessanten und tüchtigen Österreichern, die in der kalifornischen Filmmetropole Karriere gemacht haben. Vor allem im Schauspiel- und im Regiebereich. Einer der bekanntesten Auslandsexporte war das Regie-Wunderkind Billy Wilder. Der als Samuel Wilder 1906 in Sucha bei Krakau (damals Teil Österreich-Ungarns) Geborene wuchs in Wien auf und wollte zunächst Jus studieren, bevor er sich endgültig entschloss, Journalist zu werden. Seine ersten Kontakte zum Film knüpfte Billy Wilder in Berlin, wo er am Drehbuch für den Stummfilm „Menschen am Sonntag“ mitarbeitete. 1934 ging es zunächst nach Paris und von da weiter nach Hollywood, wo Wilder dann für einen Sechs-Monats-Vertrag mit Columbia Pictures für 150 Dollar wöchentlich an einem Skript schrieb. Danach war er zwei Jahre lang arbeitslos. Nach einigen schwierigen Jahren begann er schließlich doch, Karriere zu machen, zunächst als Drehbuchschreiber bei den Paramount Studios. Er wurde bekannt für seine witzigen und zynischen Dialoge, die ihm auch die ersten wirklichen Erfolge bescherten. Um seine Drehbücher „vor den Regisseuren zu schützen“, wie er es ausdrückte, wurde er gleich selbst einer. Zu seinen bekanntesten Filmen zählt „Sabrina“ (1954) mit Audrey Hepburn, Humphrey Bogart und William Holden, „Some like it hot“ (1959) mit Marilyn Monroe, Tony Curtis und Jack Lemmon, aber auch „Das Mädchen Irma La Douce“ (1963) mit Jack Lemmon und Shirley McLane sowie „Buddy, Buddy“ (1981) mit Jack Lemmon und Walther Matthau. „Billy Wilder war nicht irgendein Überlebender“, sagte einst der Filmhistoriker David Thomson über ihn, „für uns war er die Verbindung zur guten alten Zeit. Alleine seine Anwesenheit machte Hollywood zu einem Wiener Bezirk.“ Billy Wilders bekanntestes Zitat über Österreich lautet übrigens: „Die Österreicher haben das Kunststück fertig gebracht, aus Beethoven einen Österreicher und aus Hitler einen Deutschen zu machen.“

Wilder förderte in Hollywood nicht nur Schauspieler und machte zahlreiche zu Stars, er wurde selbst unglaubliche 21 Mal für den Oscar nominiert und erhielt ihn auch sechs Mal persönlich in die Hand gedrückt. Billy Wilder starb 2002 im Alter von 95 Jahren. Eines seiner Mottos lautete: „Niemals die Leute langweilen. Und wenn du was Wichtiges zu sagen hast, verpack es vorher in Schokolade."

Vier Erfolgsgeschichten von Österreichern, die es international zu Ruhm und Erfolg gebracht haben. Was bleibt, sind goldene Regeln, die man sich von ihnen abspicken kann. Wie sie etwa mit Mut, Fleiß und Ausdauer ihren Weg gemacht haben. Vielleicht ist es in der Wirtschaft einfacher als in Kunst und Kultur, seinen Weg zu gehen, denn es gibt Regeln, Zielvereinbarungen, Netzwerke und vorgegebene Pflichten. In der Kultur hingegen ist vieles Glücksache, abhängig von der Gunst anderer und zuletzt natürlich vom eigenen Talent. Die Österreicher scheinen da einen goldenen Mittelweg zu gehen. Sie sind international in den verschiedensten Branchen erfolgreich tätig: in der Gastronomie, der Hotellerie, der Kunst und Kultur, aber auch in der Industrie, der Technik und der Forschung. Mit Bedacht, viel Charme, Ausdauer und schnellen Schrittes erobern sie die internationale Businesswelt. Große Österreicher sind in allen Teilen dieser Welt vertreten. Diese Auslandsösterreicher sind und bleiben aber bescheiden. Manch einer würde sogar sagen, sie verkaufen sich unter ihrem Wert. Warum eigentlich? Den Österreichern „genügt es" so gut zu sein, dass sie die Chefposition innehaben. Diejenigen, die durch viel Gerede immer wieder auf sich aufmerksam machen, haben doch in Wahrheit sowieso nicht viel zu melden.

2. Politik und Wirtschaft im Ländervergleich. Ist Österreich das bessere Deutschland?

Österreich, das Vorzeige-Reformland – Woran Deutschland kränkelt und was die Wirtschaftsforscher dieser beiden Länder dazu sagen.

Österreich hat sich im vergangenen Jahr einen großen Luxus geleistet. Es hat sich gleich ein ganzes Jahr lang selbst gefeiert. Das macht dem kleinen Land im Herzen der EU so schnell niemand nach. Mit unzähligen großen und kleinen Festen in allen neun Bundesländern zelebrierte die Alpenrepublik 60 Jahre Kriegsende, 60 Jahre Zweite Republik, 50 Jahre Staatsvertrag und Unabhängigkeit sowie zehn Jahre Mitgliedschaft bei der Europäischen Union.

Auch der noch amtierende deutsche Kanzler Schröder hatte sein Kommen zugesagt, um mit der österreichischen Bundesregierung zu feiern. Gleich zu Beginn des Jahres, am 1. Januar, sollte er auf Einladung von Bundeskanzler Wolfgang Schüssel dem legendären Neujahrskonzert beiwohnen. Pech für Schüssel, dass gerade zu diesem Zeitpunkt in Südostasien Tsunamis wüteten und Schröder angesichts der hohen deutschen Opferbilanz dem Fest in der Donaumetropole fern blieb. Im März kam der deutsche Kanzler dann schließlich doch – zwar nicht zum Feiern, sondern um an einem Arbeitsgespräch zum EU-Stabilitäts- und Wachstumspakt teilzunehmen.

Österreich befand sich übrigens nach Gerhard Schröders Besuch in bester Feierlaune, denn das konservative deutsche „Manager Magazin" hatte zu diesem Zeitpunkt eine ganz besondere Story auf sein Titelblatt gerückt: „Österreich – das bessere Deutschland?" Das machte nicht nur Eindruck, sondern gab dem kleinen, bescheidenen Alpen-

republik gleich einen Auftrieb in eine neue Dimension. Die Hamburger Journalisten hatten mit dem deutschen Beratungshaus Contor Österreich einem EU-Standortvergleich unterzogen und daraus geschlossen: Kein anderes EU-Land hatte in der Rangliste der 1207 EU-Regionen so viele Standorte unter den Top 100 wie Österreich. Aktuell waren es 18, doch dank „günstiger Standortentwicklung", so „Manager Magazin"-Redakteur Henrik Müller, dürfte sich die Position des Landes noch weiter verbessern. Laut der Studie könnten sich bis zum Jahr 2010 sogar gleich 25 Regionen Österreichs unter den Top 100 der EU-Standortliga befinden. Denn das kleine Österreich verfügt aus Investorensicht zunächst einmal über ein viel günstigeres Preis-Leistungs-Verhältnis als der große Nachbar im Norden. Im Vergleich der Standortqualitäten liegen etwa die Lohnstückkosten, vor allem dank längerer Arbeitszeiten und niedrigerer Lohnnebenkosten, deutlich unter dem deutschen Niveau, nämlich im Schnitt bei knapp 60 Prozent. Nur die Bundeshauptstadt Wien tanzte mit Lohnstückkosten von annähernd 90 Prozent in dieser Superstatistik gänzlich aus der Reihe.
Doch auch die Unternehmenssteuer (KöST-Tarif) in Höhe von 25 Prozent hätte ein wettbewerbsfähiges Niveau. Und Österreich würde seine Standortqualität noch mehr verbessern: dank solider Fortschritte bei der Produktivität bei gleichzeitiger Lohnzurückhaltung müssten die Lohnstückkosten bis ins Jahr 2010 weiterhin sinken.
Henrik Müller schloss seinen Artikel mit dem Satz: „Auch eine dank Reformen wettbewerbsfähigere Bundesrepublik würde nichts am guten Abschneiden Österreichs ändern. Die Alpenrepublik bleibt – das bessere Deutschland."

Natürlich regt eine Story dieser Art die Gemüter auf. Kann das alles stimmen? Kann man ein so kleines Land mit einer Weltmacht vergleichen? Doch es folgten – fast wie bestellt – Artikel in diversen deutschen Tageszeitungen zum selben Thema. Die deutschen Journalisten-Kollegen ließen Österreich der Reihe nach hochleben. Und dann kam im Juni 2005 schließlich eine ganz besondere Ausgabe des deutschen Wochenmagazins „Stern" heraus. Dort lautete die Titelstory: „Weniger Arbeitslose, mehr Wirtschaftswachstum, bessere Stimmung. Warum Österreich Spitze ist. Was können die, was wir Deutschen nicht können?" Untertitel: „Ein Besuch bei unseren neureichen Nachbarn." Was der Autor des Beitrags, Markus Grill, gleich auf elf Seiten beschrieb, war, dass die „ewig rückständigen Österreicher" die Deutschen in den ökonomischen Daten überflügelt hätten. Er schrieb auch vom „Wirtschaftswunder Österreich" und gab Beispiele: Wien wird zum Schreibtisch für Osteuropa, der Jobmotor brummt, Freiheit für Universitäten, Austro-Kapitalismus. Grill ließ in diesem Artikel den österreichischen Bundeskanzler Schüssel einen Hinkelstein tragen und bezeichnete ihn als Alpen-Asterix. Und er ließ junge Ex-DDR-Mädchen im Dirndl einen Gast in einem Alpengasthaus bewirten und schrieb dazu: „Chancen für Deutsche: sie bedienen Österreicher." Polemisch, oder nicht?

Getoppt wurde der „Stern"-Artikel dann schließlich im August durch ein Schüssel-Interview im Hamburger Magazin „Der Spiegel". Auch dort wurde Österreich erneut als Vorbild für die deutsche Krisenwirtschaft beschrieben. Der österreichische Bundeskanzler sprach die salbungsvollen Worte: „Wir haben nicht den Ehrgeiz, es Deutschland gleichzutun oder euch zu überholen. Aber wir brauchen auch nicht mehr zu verbergen, was wir können und was wir sind. Wir sind schon zufrieden, wenn es heißt: Österreich ist ein gutes Österreich."

Knapp vor Jahresende erschien neuerlich im „Manager Magazin" ein Artikel über Österreich. Diesmal war der Titel noch provokanter als sonst: „Was Frau Merkel von den Nachbarn lernen kann." Konkret ging es in diesem Bericht über eine gemeinsame Studie des Instituts der deutschen Wirtschaft, der Schweizer Stiftung Avenir Suisse und der Wirtschaftskammer Österreich um einen Vergleich der Reformen in den letzten beiden Jahren in Deutschland, der Schweiz und in Österreich. Der Champion im Dreiländervergleich hieß Österreich, die Begründung lautete: Da dessen „Reformfreude und Wirtschaftswachstum manch deutschen Nachbarn neidvoll gen Süden blicken lässt", schrieb zumindest Kai Lange. Deutschland hätte mit der frisch gewählten Kanzlerin Angela Merkel noch einen „weiten Weg zu gehen", die möglichen Wege zeige die Alpenrepublik eindrucksvoll auf. Bereits im Frühjahr 2003 hatte sich Österreich mit Reformen auf dem Arbeitsmarkt einen Reformvorsprung erarbeitet. Die Beiträge zur Sozialversicherung wurden gesenkt, der Zuzug von ausländischen Spitzenkräften erleichtert, und mit dem Gesetz zur „Abfertigung neu" der Kündigungsschutz gelockert. So wird etwa der geballte Anspruch auf eine Abfertigung im Falle einer Kündigung in eine laufende betriebliche Altersvorsorge umgewandelt. Den nächsten Schub deutscher Unternehmer gewann Österreich dadurch, dass es mit der Steuerreform zu Jahresbeginn 2005 die Körperschaftsteuer von 34 auf 25 Prozent deutlich senkte und somit auf den verschärften Niedrigsteuerwettbewerb innerhalb der EU reagierte. Zusätzlich lockte die Alpenrepublik Investoren an, indem sie Unternehmen die Möglichkeit gab, Verluste von ausländischen Tochtergesellschaften mit inländischen Gewinnen zu verrechnen. Im Bereich Forschung und Entwicklung hatte das neue Universitätsgesetz Österreich gestärkt, die Verbeamtung der Professoren wurde abgeschafft und die Autonomie der Universitäten gestärkt.

Es mag einem objektiven Menschen wie ein gut dosiertes, perfekt ausgeklügeltes Marketing für das Unternehmen Österreich AG erscheinen, wenn er nachliest, was im vergangenen Jahr so alles in den deutschen Medien geschrieben wurde. Aus diesem Grund folgt nun die objektive Bewertung zweier Experten. Denn eigentlich stellt sich jetzt die Frage: Ist Österreich wirklich besser als sein großer Nachbar im Norden, oder ist das alles nur ein perfekter Gag?

Im Herbst letzten Jahres stellte die Weltbank eine Studie über die Verteilung des Reichtums vor. Österreich zählte laut dieser Studie zu den zehn reichsten Ländern der Welt. Mit einem errechneten Pro-Kopf-Reichtum von 493.080 Dollar, also 400.455 Euro, lag Österreich an siebenter Stelle in der Rangliste. Reichstes Land war die Schweiz, gefolgt von Dänemark, Schweden, den USA, Deutschland und Japan. Auf Österreich folgten Norwegen, Frankreich und Belgien, sowie Luxemburg.
Die Weltbank-Studie versuchte den gesamten Reichtum eines Landes wie die natürlichen Rohstoffe, Wälder, Fischbestände, die Nachhaltigkeit der Wirtschaft, Umweltschutz und die Fähigkeit der Bevölkerung sowie das Bildungssystem und die Regierungsführung über Indizes zu berechnen. So tragen in Österreich natürliche Rohstoffe lediglich mit einem Prozent zum Reichtum bei, das Produktionskapital mit 15 Prozent und das immaterielle Kapital stellen 84 Prozent des Landesvermögens. Österreich zählt also zu den reichsten Ländern dieser Welt, doch ist es auch wirtschaftlich besser als die oben genannten Länder?

Viel Lob für die Standortqualitäten Österreichs, enorme Chancen durch die EU-Erweiterung, aber auch Versäumnisse und Risiken zollt respektive attestiert der Chef des Österreichischen Wirtschaftsforschungsinstituts WIFO, Karl Aiginger, dem kleinen Land im Herzen der EU. Österreich hatte zwar bis 1995 über Jahrzehnte ein höheres Wirtschaftswachstum als Deutschland beziehungsweise die EU verzeichnet, dann ist der Vorsprung jedoch verloren gegangen. Inzwischen bewegt man sich im europäischen Schnitt, der Rückstand gegenüber Schweden oder Finnland ist aber beträchtlich. Als positiv bewertet der Experte, dass sich die Abhängigkeit von der schwächelnden deutschen Wirtschaft dramatisch reduziert hat. Ost- und Zentraleuropa sorgen durch ihr starkes Wachstum inzwischen für einen gewissen Ausgleich. Gut entwickelt hat sich die Handelsbilanz – Exporte und Importe sind etwa gleich hoch – und die Direktinvestitionen im Außenhandel. Auch die Kostensituation in heimischen Unternehmen ist weiter günstig, obwohl die Arbeitskosten etwas über dem EU-Schnitt liegen. Das ist aber kein größeres Problem und aus dem Status als reiches Industrieland erklärbar. Billiglohnkonkurrenz wird es immer geben, da können wir nicht mit, sagt Professor Aiginger. Ab 2,5 bis drei Prozent Wirtschaftswachstum würde die Arbeitslosigkeit sinken, erst dann hält er eine Senkung der Lohnnebenkosten für möglich. Eine Spitzenposition nimmt Österreich bei Einkommen, beim Produktivitätswachstum und bei der Erwerbsquote ein. Vorteilsverluste gegenüber früheren Jahren ortet Aiginger im Bereich mittlerer Technologien und bei Facharbeitern. Außerdem fehlen den Österreichern langfristige heimische Lösungen.

Die geographische Lage Österreichs sei ökonomisch ein Traum, sagt der WIFO-Chef: Diese Chance müsse man weiterhin nützen. Österreich ist beim Wachstum allerdings an einem kritischen Punkt angelangt: „Stärken, die uns so weit gebracht haben, entsprechen nicht mehr der neuen Rolle." Als kritische Faktoren für ein Hochpreisland definiert Aiginger Forschung, Aus- und Weiterbildung sowie neue Technologien. Im Forschungsbereich sind aber neben der Quote, die den EU-Schnitt bereits überschritten hat, auch Struktur, Strategie, Risikofinanzierung und die Vernetzung zwischen Wirtschaft und Wissenschaft von großer Bedeutung.

Was Österreich besser macht als Deutschland, ist für den Wirtschaftsforscher Karl Aiginger schnell erklärt: „Österreich hatte keine Wiedervereinigung zu verdauen." Denn die hat die Deutschen jahrelang vier Prozent ihres Bruttoinlandsproduktes gekostet. Hinzu kommt, dass Deutschland vor der Wiedervereinigung von BRD und DDR eher ein Niedrigsteuerland war und jetzt hohe Löhne und hohe Steuern hat. Auch in Forschung und Entwicklung wurde zehn Jahre lang zu wenig investiert. Deutschland hat vor 15 Jahren den Fehler gemacht, nicht in High-Tech zu investieren, sondern sich auf die Wiedervereinigung konzentriert. Während im Jahr 1980 die Deutschen noch die Nummer eins in der Forschungsquote waren, sind sie heute in Europa auf Platz fünf gesunken. Im Vergleich dazu geht es Österreich und seinen Unternehmen gut, sagt Wirtschaftsprofessor Aiginger.

In Österreich wuchs die Wirtschaft in den Jahren 2003 bis 2005 mit plus 0,4 Prozent stärker als im Durchschnitt des Euro-Raums, wo sie bei plus 0,3 Prozent lag. Überdies weisen alle Indikatoren auf eine Fortsetzung des Aufwärtstrends auch in den kommenden Jahren hin. Im WIFO-Konjunkturtest vom Oktober 2005 beurteilten die Unternehmen die Produktionstätigkeit der kommenden drei Monate abermals als besser.

Es ist anzunehmen, dass bis zum Jahr 2009 die heimische Wirtschaft jährlich um knapp 2,3 Prozent wachsen und sich damit über dem EU-Schnitt bewegen wird. Österreich befindet sich insgesamt an einer Wegekreuzung zwischen alten Strukturen und neuen Anforderungen. In Zukunft befinden wir uns nicht mehr auf einer Aufholjagd gegenüber Deutschland, mit billigen und gut ausgebildeten Arbeitskräften, sondern sind ein Hochlohnland mit jeder Menge Konkurrenten mitten im Zentrum eines neuen Wirtschaftsraumes. Österreich muss dieses Terrain einfach verteidigen: den Raum teilweise organisieren und sich als Zentrum Europas absichern. Aiginger: „Es stimmt, Österreich ist in allen ökonomischen Performance-Kriterien besser als Deutschland. Schon 1990 haben deutsche Wirtschaftsforscher davor gewarnt, dass Deutschland hohe Löhne bezahlt und es dadurch zu einem hohen Defizit kommen werde. Man hätte dem mehr Bedenken schenken müssen. Immerhin war Deutschland im Jahr 1980 das Land mit der höchsten Forschungsquote." Der EU-Beitritt hat – ähnlich einer Rosskur – die heimische Wirtschaft durchaus gestärkt. Ein Hinweis auf die positiven Effekte ist etwa, dass das frühere österreichische Handelsbilanz-Defizit, das viele Jahrzehnte lang als „Naturgesetz" galt, unter dem Einfluss der Integration in einen erweiterten Wirtschaftsraum nicht mehr vorhanden ist. Österreich war über viele Jahre lang ein Zielland von Auslandsinvestitionen, mittlerweile sind die Investitionen, die von Österreich „hinaus" gehen – in den Osten, aber auch nach Deutschland –, praktisch gleich stark wie jene, die herein kommen. Wir haben jetzt eigene Standbeine in den EU-Ländern. Zurück gegangen ist aber parallel dazu die Abhängigkeit von der deutschen Wirtschaft. Die Bundesrepublik ist zwar nach wie vor der wichtigste Handelspartner, der Einfluss der deutschen auf die österreichische Wirtschaft ist aber nicht mehr so dominant. Nach dem EU-Beitritt hat man auch in Österreich überrascht festgestellt, dass es doch mehr Bereiche gegeben hat, die sich vorher vor der Wucht der europäischen Konkurrenz schützen konnten. Das ist sogar in der Industrie der Fall gewesen, in Bereichen, die so etwas wie einen nationalen Markt geschützt haben. So haben sich etwa die Töchter ausländischer Multis vor ihren eigenen Schwestern mit Alleinvertriebswegen im Großhandel geschützt. Es hat Kartelle gegeben, die im Inland gehalten haben, in der EU dann aber nicht mehr. Aber auch öffentliche Betriebe, die jetzt in der EU dem Wettbewerb ausgesetzt sind. „Die haben es dann alle viel härter gehabt." Anderseits, sagt Aiginger, sei durch diese Art der Rosskur die österreichische Wirtschaft dann doch stärker geworden. Aus mehreren Gründen stehe Österreich etwas besser da als die Wirtschaft im übrigen Euro-Raum, sagt der WIFO-Chef und verweist etwa auf die weiter verbesserte preisliche Wettbewerbsfähigkeit der heimischen Industrie, die Infrastruktur-Programme für Straße und Schiene, die Breitband-Initiativen sowie Effekte der Steuerreform. Allerdings habe die zuletzt starke Inflation die Lohnerhöhungen teils wieder kompensiert, mit der Folge einer gedämpften privaten Nachfrage. Verursacht worden sei die hohe Teuerung durch Wohnungsaufwand, Energie, Tabaksteuer und Gesundheitskosten; 2006 werde der Ölpreisrückgang entlastend wirken. Im 2. Halbjahr sollten die verfügbaren Einkommen wieder höher sein.

Es lässt sich aber auch noch konkreter aufschlüsseln, was Österreich aus wirtschaftlicher Sicht von Deutschland unterscheidet:
Österreichs Wirtschaft wuchs im Jahr 2005 um 1,9 Prozent, Deutschland erreichte nur 1,1 Prozent. Während die Arbeitslosenquote in Österreich 5,2 Prozent beträgt, liegt sie bei den Nachbarn im Norden bei 9,3 Prozent. Während sich außerdem Österreichs Neuverschuldung auf 1,9 Prozent des Bruttoinlandsproduktes beläuft, liegt sie in Deutschland bei 3,3 Prozent. Die Österreicher und Österreicherinnen erwirtschaften mittlerweile jährlich 28.000 Euro pro Einwohner, die Deutschen 25.000 Euro.
Die österreichische Regierung hat die Staatseinnahmen schon vor Jahren verbessert, indem sie den Mehrwertsteuersatz auf 20 Prozent angehoben hat. In Deutschland wird die Mehrwertsteuer ab dem Jahr 2007 von derzeit 16 auf 19 Prozent erhöht. Für Lebensmittel, Zeitungen, Bücher wird es – wie in Österreich – bei einem ermäßigten Steuersatz bleiben. Allgemeine Steuererhöhungen gelten bei unseren

Nachbarn allerdings immer noch als tabu. Der Arbeitsmarkt der Alpenrepublik wurde ebenfalls reformiert: Die hohen Abfertigungen bei Kündigungen wurden im Jahr 2003 abgeschafft. Heute müssen alle Arbeitgeber monatlich 1,53 Prozent jedes Bruttolohns in eine Mitarbeitervorsorgekasse einzahlen. Das Geld erhalten die Beschäftigten bei Pensionsantritt. Kündigen kann in der österreichischen Privatwirtschaft jeder fast jeden, und zwar ohne Angabe von Gründen. Die Frist beträgt bei Angestellten eineinhalb bis fünf Monate, bei Arbeitern liegt sie bei vier Wochen. Strenge Schutzbestimmungen gibt es nur für soziale Härtefälle, etwa Alleinerziehende oder ältere Arbeitnehmer, für Betriebsratsmitglieder, Frauen während des Mutterschutzes, Präsenz- oder Zivildiener sowie für Behinderte und Lehrlinge. Dieser im Vergleich zu Deutschland geringere Kündigungsschutz gereicht den Arbeitnehmern aber dennoch nicht sosehr zum Schaden, wie es klingt. Durch die hohe Beweglichkeit des Arbeitsmarktes finden junge Österreicher oft schnell neue Jobs, aber seltener als vor zehn Jahren. In Deutschland hingegen muss jede Kündigung begründet werden. Die Frist liegt bei ein bis sechs Monaten. Die Mitarbeiter haben keinen Anspruch auf eine Abfindung. Österreichs Regierung hat die Frühpensionierung schrittweise abgeschafft, während in der Bundesrepublik eine Kluft zwischen gesetzlichem Renteneintrittsalter – es liegt bei 65 Jahren – und tatsächlichem – es liegt bei 60 Jahren – besteht. Während Österreich die Körperschaftsteuer im letzten Jahr von 34 auf 25 Prozent gesenkt und die Gewerbesteuer schon lange abgeschafft hat, überlegt man dies in Deutschland noch. Die Arbeitskosten sind in der Alpenrepublik ebenfalls günstiger: 21,30 Euro pro Stunde gegenüber 27 Euro in Deutschland. Auch bei Standortfaktoren hat Österreich inzwischen die Nase vor seinem deutschen Nachbarn. Laut einer Studie des Weltwirtschaftsforums liegt Österreich in der Disziplin fachliche Qualifikation auf Platz vier.

Deutschland belegt Platz 16. Und: Das Arbeitsamt (AMS) ist in Österreich in den vergangenen Jahren zu einer regelrechten Servicestelle für Arbeitsuchende mutiert. Den Arbeitslosen wurde das Arbeitslosengeld nicht gekürzt – wenn auch die Mobilitätsanforderungen und die Schulungspflicht gestärkt wurden –, während in Deutschland Langzeitarbeitslose von Hartz IV leben müssen. Auch in Sachen Bildung hat Österreich aufgeholt: Die Universitäten verwalten sich nun selbst und müssen nicht mehr wegen allem und jedem im Ministerium als Bittsteller auftreten. In der Bundesrepublik hingegen lässt sich derzeit nichts reformieren, da die Länder blockieren und sich in Bildungsfragen nichts dreinreden lassen wollen.

Konkret sagt WIFO-Chef Karl Aiginger, dass Österreich seine drei größten Defizite rasch behoben hat: „Wir haben kein Handelsbilanzdefizit mehr, haben das Qualitätsdefizit behoben und die direkte Investitionsbilanz geschlossen. Das verdanken wir der EU-Osterweiterung. Österreich hat sich einfach umstrukturiert und seine Position als Gestalter des Wirtschaftslebens gestärkt." Österreich habe daneben seine Außenorientierung gestärkt und neue Märkte rasch erkannt; aber auch, dass es am besten sei, mit diesen Ländern zusammen zu arbeiten. Österreich sei ganz einfach seit Mitte der 90er Jahre in der EU gewachsen und habe innerhalb der Nachbarstaaten an Dynamik gewonnen.

Trotzdem, meint Aiginger, müsse man sich einen wichtigen Aspekt vor Augen halten: „Die ganze Diskussion bleibt eine Frage der Messlatte: Österreich ist ein kleines Land mit neun Bundesländern – also relativ einfach zu managen. Deutschland hingegen hat 16 teilsouveräne Bundesländer, von denen einige in Regierungsbezirke untergliedert sind. Wir hatten durch unsere Größe jahrelang Nachteile, die jetzt urplötzlich zu einem Vorteil geworden sind. Deutschland bleibt trotz alledem der wichtigste Spieler in Europa, während wir zu einem „Headquarter" Zentraleuropas geworden sind."

Aigingers deutsches Pendant, der renommierte Wirtschaftsprofessor und Chef des Münchener IFO Instituts für Wirtschaftsforschung, Hans-Werner Sinn, meint, es liege vor allem am historischen Zufall, dass die Alpenrepublik zunächst hinter Deutschland herhinkte. Mit dem Beitritt Österreichs zur EU habe sich jetzt viel verändert: „Österreich wächst stärker als Deutschland und hat uns sogar beim Pro-Kopf-Einkommen überholt. Österreichs Beitritt zur EU vor zehn Jahren brachte einen Schub, bei dem man mit niedrigen Löhnen in den europäischen Wettbewerb einstieg. Das macht Österreich nun einmal attraktiver als Deutschland und führt zu rascherem Wachstum.“ Ähnlich dem System der „kommunizierenden Gefäße“: Wenn‘s teurer ist, wandert das Kapital einfach ins billigere Land ab. Trotz alledem sind die deutschen Produkte weltweit Spitze und heiß begehrt. Deutschland bleibt der Werkzeugladen der Welt, bleibt Weltmarktführer in vielen Bereichen, sagt Hans-Werner Sinn.

Sinns Prognose für Deutschland im Jahr 2006, die er gemeinsam mit fünf weiteren deutschen Wirtschaftsforschun gsinstituten präsentierte, klang jedoch eher mäßig begeistert. Eine Konsolidierung der öffentlichen Finanzen sei dringende Aufgabe der großen Koalition, meinten die Experten. Es sei notwenig, innerhalb von fünf Jahren Subventionen in Höhe von 70 Milliarden Euro abzubauen. Dazu sollte die vom hessischen Ministerpräsidenten Roland Koch und dem neuen Finanzminister Peer Steinbrück ausgearbeitete Streichliste wieder aufgegriffen werden. Darunter müsse laut Meinung der Wirtschaftsforscher auch der steuerfreie Zuschlag für Sonn-, Feiertags- und Schichtarbeit fallen. Durch den Sparkurs würde dann Spielraum zur Senkung der Steuersätze und für höhere Investitionen des Staates geschaffen. Die bisherigen Absichten zur Konsolidierung seien zu zaghaft und zu wenig konkret gewesen. Hier gelte es, durch eine konsequente Sparpolitik bei den konsumptiven

Wirtschaftsvergleich Österreich/Deutschland

	1960/1990		1990/2000		2000/2005		2005	
	Österreich	Deutschland[1]	Österreich	Deutschland	Österreich	Deutschland	Österreich	Deutschland
	Durchschnittliches jährliches Wachstum						Veränderung gg. das Vj. in %	
BIP	3,5	3,2	2,6	2,1	1,5	0,8	1,9	1,1
Beschäftigung	0,2	0,5	0,6	0,3	0,2	-0,1	0,4	0,3
Produktivität	3,3	2,7	1,9	1,8	1,3	0,8	1,5	0,8
	Absolute Werte							
	1960		1990		2000		2005	
BIP/Kopf zu KKP in 1000 €	1.050	1.152	17.070	16.146	25.260	22.480	27.970	25.030
Arbeitslosenrate	2,6	0,9	3,1	6,2	3,6	7,2	5,2	9,5
Erwerbsquote	79,1	70,6	74,6	69,6	76,2	69,9	74,8	70,0
Budgetdefizit	0,5	3,0	-2,4	-2,0	-1,6	1,3	-1,7	-3,8
F&E/BIP[2]	-	-	1,5	2,2	1,9	2,5	2,4	2,5

1) Westdeutschland
2) 1995/2000/2005 (Deutschland 2004)

Quelle: WIFO, Eurostat (AMECO)

Ausgaben sowie durch den raschen Abbau von Finanzhilfen das Budgetdefizit und die Verschuldungsquote des Staates deutlich zu verringern. Beeinträchtigungen der Konjunktur seien durch einen solchen Konsolidierungskurs nicht zu erwarten, vielmehr könnten die Erwartungen der Bürger sehr schnell positiv beeinflusst werden, weil sie durch die Einsparungen keine neuen Steuererhöhungen befürchten müssten.

Die deutsche Wirtschaft wird nach Auffassung der sechs Ökonomen im Jahr 2006 den Aufschwung verpassen. Sie rechnen für 2006 nur mit einer leichten Belebung von 1,2 Prozent. Damit wurde die Prognose des Frühjahrsgutachtens von 1,5 Prozent deutlich nach unten korrigiert. Für 2005 erhöhten die Experten ihre Vorhersage von 0,7 leicht auf 0,8 Prozent. Dagegen sei die Wirtschaft im gesamten Euroraum im Jahr 2005 um 1,3 Prozent gewachsen und werde im Jahr 2006 um 1,8 Prozent wachsen. 2006 sei außerdem in Deutschland am Arbeitsmarkt weiterhin keine durchgreifende Besserung zu erwarten, heißt es in dem Gutachten der Experten. Die Wirtschaftsforscher rechnen für dieses Jahr nur mit einem geringen Rückgang der Arbeitslosigkeit auf durchschnittlich 4,76 Millionen, bei einer Quote von 10,9 Prozent. Angesichts des wachsenden Wettbewerbsdrucks aus dem Ausland haben die Forschungsinstitute die große Koalition zu einer umfassenden Reform aufgerufen. Dabei solle vor allem die Belastung der Unternehmen sinken. Denn in allen Ländern der EU seien die Steuern für Kapitalgesellschaften geringer als in Deutschland mit 39 Prozent. Wenn sich die Finanzpolitik nicht bewege, könne sich die Position Deutschlands sogar verschlechtern, prophezeiten die Experten, da die meisten EU-Staaten bestrebt seien, die Steuerbelastung der Unternehmen zu reduzieren.

Ein erster Schritt könnten daher die Beschlüsse des Job-Gipfels sein. Union und rot-grüne Regierung hätten bereits im Frühjahr 2005 vereinbart, die Körperschaftsteuer von

25 auf 19 Prozent zu senken und bei einer Betriebsübergabe Entlastungen in der Erbschaftssteuer einzuräumen. Auf mittlere Sicht sei eine solche Reform aufkommensneutral, da niedrige Steuersätze Anreize schafften, Gewinne im Inland entstehen zu lassen. Ziel sei es vor allem, nicht nur die Steuerbelastung zu verringern, sondern ein System zu schaffen, das nicht zu Verzerrungen bei den Investitions- und Finanzierungsentscheidungen führe. Die sechs deutschen Wirtschaftsforschungsinstitute favorisieren das System der dualen Einkommenssteuer. Mit ihrer Einführung könne wegen der unterschiedlichen Besteuerung von Arbeits- und Kapitaleinkommen die Belastung dort gesenkt werden, wo es am dringlichsten sei – beim internationalen mobilen Kapitaleinkommen. Eine von der Union vorgeschlagene Erhöhung der Mehrwertsteuer zur Senkung der Lohnnebenkosten lehnten die sechs Wirtschaftsforscher im Übrigen ab. Sie befürchten, dass die Steuererhöhung angesichts der schwachen Konjunktur vor allem zu Lasten der Gewinne der Unternehmen ginge. Diese würden dann mit Rationalisierungen oder Lohnkostensenkungen reagieren. Eine Reduzierung des Arbeitslosenbeitrags sei nach Ansicht der Forscher auch ohne höhere Mehrwertsteuer möglich. Die Ausgaben der Bundesagentur für Arbeit hätten sich bereits 2005 kräftig reduziert und dürften 2006 in Anbetracht der sinkenden Arbeitslosigkeit weiter fallen. Durch die anstehende Arbeitsmarktreform entstünden weitere Einsparungen. Die Institute plädierten deshalb dafür, den Beitragssatz zum Jahresbeginn 2006 um einen Prozentpunkt zu senken.

Zudem plädierten die Forschungsinstitute für eine moderate Lohnpolitik. Damit werde die Wirtschaft wettbewerbsfähiger, und es könnten mehr neue Arbeitsplätze geschaffen werden. Die Tariflöhne sollten lediglich um etwa ein Prozent steigen, „und zwar auch dann, wenn die Konjunktur weiter anziehen und sich die Arbeitsmarktlage etwas entspannen sollte". Nur so sei es möglich, dass die Marktkräfte bei der Bestimmung von Lohnhöhe und -struktur wieder mehr Spielraum erhielten und der notwendige Strukturwandel nicht behindert werde. Denn, so meinten die Experten: Für den Erfolg einer moderaten Lohnpolitik sei es entscheidend, dass die Unternehmen darauf vertrauen können, dass diese auch in Zeiten eines Aufschwungs weitergeführt werde. Wichtig erscheine außerdem, dass die Gewerkschaften glaubwürdig signalisieren, nicht bei der ersten Gelegenheit vermeintliche Verteilungsverluste durch hohe Lohnabschlüsse wieder ausgleichen zu wollen. Die Lohn- und Arbeitsmarktpolitik der Bundesrepublik sollte sich weniger als bisher an der Sicherung bestehender, denn an der Schaffung neuer Arbeitsplätze orientieren.

Der deutsche Wirtschaftsprofessor Hans-Werner Sinn ist ein gescheiter Mann. Er gilt als einer der besten Ökonomen Deutschlands. Vor drei Jahren brachte er ein Buch mit dem Titel „Ist Deutschland noch zu retten?" heraus, rüttelte die Nation auf und erntete damit sogar einen wichtigen internationalen Buchpreis, die Corine. Der Inhalt des Buches regte vor allem die deutschen Nachbarn zum Nachdenken an. Darin erklärt Sinn, es gebe Hoffnung, den „kranken Mann Deutschland" zu retten, doch es werde wehtun. Konkret sagt Sinn, die Schuld an der Misere Deutschlands treffe nicht nur die Regierung Gerhard Schröders. „Auch ihre Vorgänger tragen ein gerütteltes Maß an Mitverantwortung." So etwa hätte die sozial-liberale Koalition der siebziger Jahre den Sprung in den Schuldenstaat getan, die Regierung Kohl habe die wirtschaftliche Vereinigung des Landes mit absurden Versprechungen und irrealen Politprogrammen vergeigt, und der deutschen Bundesregierung fehlte die Kraft für die notwendigen Reformen. Die Agenda 2010 zupfte zaghaft am Steuerrad, ohne es wirklich herumzudrehen.
Sinn fordert: „Wir brauchen eine ähnlich radikale Kulturrevolution, wie England sie unter Margaret Thatcher erlebt hat, wenn auch nicht die gleiche, denn irgendwie unterscheiden

wir uns von den Manchester-Liberalen in England schon. Jedes Land braucht eine Kulturrevolution, wenn der Filz über 50 Jahre angesammelt wurde. Jetzt ist es in Deutschland so weit."

Sinn weist der Regierung mit Hilfe von sechs Programmbereichen den Weg, die er in seinem Buch festhält. Hier eine Zusammenfassung der sechs Punkte in Kürze:

• Zur Wiederbelebung der Wettbewerbsfähigkeit müssten die Stundenlöhne fallen. Orientieren solle sich die aktuelle Regierung dabei an Holland, da dieses Land vor 25 Jahren dieselben Probleme wie Deutschland hatte. Sinn fordert, die wöchentliche Arbeitszeit von 38 auf 44 Stunden zu erhöhen, mindestens aber auf 42 Stunden. Die Verlängerung der Arbeitszeit erlaube die bessere Ausnutzung des Kapitalstocks.

• Weiters fordert Sinn, den Gewerkschaften weniger Macht zu geben, denn sie hätten die Tarifautonomie benutzt, um Lohnkartelle gegenüber Arbeitgebern und indirekt auch gegenüber den Konsumenten durchzusetzen. Sie haben die Löhne über das Niveau hinaus erhöht, bei dem Angebot und Nachfrage nach Arbeitskräften sich die Waage halten, und dadurch Arbeitslosigkeit erzeugt. Für Sinn sei die hohe Arbeitslosigkeit in der Bundesrepublik geradezu der Erfolgsbeleg für eine Kartellpolitik, die es schafft, höhere Löhne zu erzwingen, als sie der Markt von alleine hervorbringt. Die Tarifpartner sollten deshalb per Gesetz verpflichtet werden, in ihren Tarifverträgen wirksame Öffnungsklauseln vorzusehen, die es der Belegschaft eines Betriebes ermöglichen, auf dem Wege der freiwilligen betrieblichen Vereinbarung mit der Unternehmensleitung von den Vereinbarungen des Flächentarifvertrages abzuweichen. Im selben Atemzug verlangt Sinn auch die Abschaffung des gesetzlichen Kündigungsschutzes, was die Gewerkschaften zur Lohnmäßigung und die Unternehmen in der Folge zur Schaffung von zusätzlichen Arbeitsplätzen veranlassen soll.

• Von zentraler Bedeutung für die Gesundung des Arbeitsmarktes der Bundesrepublik empfindet Sinn die Schritte, die vom Lohnersatz zur Lohnergänzung führen. Denn der Lohnersatz in Form des Arbeitslosengeldes, der Arbeitslosenhilfe, der Sozialhilfe und der Frührente seien Hauptgründe dafür, dass der Arbeitsmarkt in Deutschland nicht funktioniere. Das Ifo-Institut, dem Sinn vorsteht, stellt ein Modell vor, bei dem Arbeitslosenhilfe durch Sozialhilfe ersetzt wird. Zusätzlich werden aber die Sozialhilfesätze für arbeitsfähige Personen, die keiner Erwerbstätigkeit nachgehen, um etwa ein Drittel abgesenkt, und die frei werdenden Mittel werden zu Geringverdienern umgeschichtet, die einen Job annehmen. Bis zu einem Einkommen von 400 Euro wird im Gegensatz zum heutigen System die Sozialhilfe nicht gekürzt. Der Staat zahlt im Gegenteil zu dem selbst verdienten Geld noch etwas dazu, und zwar prozentuell umso mehr, je mehr man verdient. Diese aktivierende Sozialhilfe werde Arbeitsplätze schaffen. Denn sie reduziere die Anspruchslöhne, zu denen man bereit sei, in der Privatwirtschaft zu arbeiten. Durch diese Lohnsenkung finden, laut Sinn, die Unternehmen mehr profitable Beschäftigungsmöglichkeiten.
Auch die Frühverrentungsprogramme der Bundesrepublik würden, laut Sinn, darauf hinauslaufen, das Nichtstun zu prämieren. Wer von der Altersteilzeitregelung Gebrauch mache, könne seinen Stundenlohnsatz gleich um 40 Prozent vergrößern. Daher rät Sinn: Wenn man Arbeit schaffen wolle, dürfe man das Nicht-Arbeiten nicht prämieren. Diese Devise sollte auch im Rentensystem berücksichtigt werden. Dabei müsste ein unbeschränkter Hinzuverdienst erlaubt sein, so wie es heute schon für Rentner über 65 Jahre der Fall ist.

• Zusätzlich zu den hoch gehaltenen Löhnen für gering Qualifizierte lockt auch die Umverteilungsaktivität des Staates mehr Zuwanderer nach Deutschland, als es brauchen kann, meint Professor Sinn weiter. Sie wirke wie ein Wohlfahrtsmagnet, weil der Staat Zuwanderern mit unterdurchschnittlicher Produktivität und unterdurchschnittlichen Löhnen Wanderungsprämien zahlt: also etwa 2400 Euro für Migranten, die weniger als zehn Jahre in Deutschland waren. Derartige Wanderungsprämien sollte Deutschland nicht bezahlen, meint Sinn.
Außerdem warnt er vor der europäischen Sozialunion: demnach darf jeder EU-Bürger seinen EU-Wohnsitz in jedem anderen Land wählen und hat dann dort spätestens nach fünf Jahren Anspruch auf die Leistungen der sozialen Sicherheit und soziale Vergünstigungen.

• Sinn fordert eine wirklich radikale Steuerreform. Denn seit dem Beginn der sozialliberalen Koalition vor 30 Jahren sei der Staatsanteil am Bruttoinlandsprodukt, der damals unter 40 Prozent lag, beständig gestiegen. Er liegt heute knapp unter 50 Prozent. Bezüglich des Nettoinlandsproduktes oder der Summe aller in Deutschland verdienten Einkommen liegt der Staatsanteil bereits über 57 Prozent. Das sei mehr, als mit einer funktionierenden Marktwirtschaft noch vereinbar sei. Die Menschen würden von ihren Zielen abgelenkt, da sie sich hauptsächlich auf das Einsparen von Steuern konzentrieren. Im Vergleich zu anderen Ländern sei die Steuer- und Abgabenquote in Deutschland einfach zu hoch.

• Als schwierigstes und langfristig wohl wichtigstes Politikproblem Deutschlands bezeichnet Sinn jedoch die im internationalen Vergleich äußerst geringe Kinderzahl. Um die Geburtenrate zu erhöhen, schlägt er vor, sich am Modell Frankreich zu orientieren, das mit Hilfe staatlicher Anreize das Bevölkerungswachstum angekurbelt hat.

Wie man anhand der hier beschriebenen Daten sieht, ist das kleine EU-Land Österreich ein Vorzeigeland. Deutschland hat noch einiges aufzuholen und zu verbessern (beide können noch von skandinavischen Ländern lernen). Dass diese Verbesserungen jedoch nicht von heute auf morgen stattfinden können, ist allen Beteiligten – nicht nur den Politikern, sondern auch den vorausblickenden Wirtschaftsforschern – klar. Doch auch Österreich ist noch lange nicht dort, wo es der österreichische Wirtschaftsforscher Aiginger sehen will. Er sagt: „Wenn das Wirtschaftswachstum in der Alpenrepublik unter 2,5 Prozent bleibt, wird die Arbeitslosigkeit nicht sinken. Das Schönste wäre mehr Wachstum, und das sollte auch langfristig der Fokus sein. Das ist es aber nicht – und zwar weder in der EU, noch in Österreich. Weiters benötigen wir mehr Aus- und Weiterbildung, einen besseren Technologietransfer und eine bessere Infrastruktur, weniger Bürokratie und mehr Flexibilisierung. Man muss also an allen Schrauben gleichzeitig drehen, um zum Ziel zu gelangen." Österreich hat einige Hausaufgaben gemacht, hat sich angestrengt, muss aber trotzdem noch viel stärker an sich arbeiten. Die Veränderungen durch die Globalisierung sind beachtlich, durch die näheren – neuen Mitglieder – und durch die ferneren (China, Indien). Sie sind nicht negativ, brauchen aber neue Strategien.Wirtschaftlich zurücklehnen kann sich Österreich, laut Wirtschaftsforscher, derzeit sicher noch nicht.

3. Ausbildung & Titelsucht

Alpine Workaholics arbeiten länger – Lernen für die Karriere – Österreicher üben von klein auf „Training on the Job", doch ohne Titel kein Aufstieg.

Das liebenswürdige, aber bis heute noch immer als etwas rückständig angesehene Alpenvölkchen scheint sich offenbar in Sachen Arbeitsmoral international gemausert zu haben. Die Österreicher als Workaholics? Das hat den Bewohnern der Alpenrepublik bisher eigentlich noch niemand unterstellt. Zumindest weisen die durchschnittlichen Statistiken das Land nicht wirklich als Vorzeigebeispiel in Sachen Arbeitsmoral aus. Und doch wurde im Jahr 2005 eine Studie präsentiert, die die Alpenrepublik als arbeitswütiges Musterland innerhalb der Europäischen Union darstellte. Die österreichischen Tageszeitungen – allen voran der „Kurier" und „Die Presse" – titelten sogleich: „Alpine Workaholics arbeiten länger." Konkret ging es in der vom Internetdienstleister Nextra (heute Eunet) in Auftrag gegebenen Studie um die Arbeitsbedingungen der Top-Executive-Manager in ganz Europa.

Die Ergebnisse der Studie waren beeindruckend: Gleich 90 Prozent der leitenden Angestellten Österreichs nehmen laut Umfrage für ihre Arbeit „empfindliche Kürzungen der Freizeit" in Kauf. Mehr als 62 Prozent der Top-Manager würden bereits zwischen 45 und 60 Stunden pro Woche arbeiten – und zwar auch an Wochenenden und Feiertagen. Die Nextra-Studie wurde übrigens in acht europäischen Ländern, also in Österreich, Italien, Großbritannien, Norwegen, Deutschland, Schweden, in der Tschechischen Republik und der Slowakei, durchgeführt. Im Ländervergleich werde – das gaben die Studienautoren zu Protokoll – in Österreich und Deutschland am längsten gearbeitet, dicht gefolgt von Norwegen, Schweden und der Tschechischen Republik. Nur in Italien und der Slowakei schienen Führungskräfte den Großteil ihrer Freizeit wirklich zu genießen. Dort würde lediglich eine Minderheit der Top-Executives mehr als 60 Stunden pro Woche hinter dem Schreibtisch verbringen.

Die alpinen Manager wissen nur zu gut, dass ihre Arbeitsgewohnheiten die Abende (93 Prozent), die Wochenenden (69 Prozent) und die Feiertage (32 Prozent) einschränken. Ein ähnliches Bild zeigte sich übrigens auch in Norwegen. Im Vergleich dazu gibt nicht einmal die Hälfte der italienischen Manager an, abends zu arbeiten, geschweige denn an Wochenenden oder an Feiertagen.

Die Mehrzahl der österreichischen Manager sitzt übrigens freiwillig länger im Büro, 90 Prozent der Top-Führungskräfte empfinden dieses intensive Arbeiten sogar als vollkommen normal. Nur neun Prozent fühlten sich unter Druck gesetzt, zusätzliche Stunden zu arbeiten.
Auch das Thema Gesundheit der Führungskräfte wurde aufgegriffen: Dabei war nahezu die Hälfte der österreichischen Manager der Meinung, dass die langen Arbeitszeiten negative Einflüsse auf ihre Gesundheit hätten. Knapp ein Drittel gab an, unter Stress zu leiden, während die Wenigsten allgemein über einen schlechten Gesundheitszustand und mangelnde Fitness klagten. Damit liegt Österreich deutlich über dem europäischen Schnitt. Von Teleworking haben Österreichs Manager zwar schon gehört – praktiziert wird es aber nur von den Wenigsten.

Auch die Themen Heimarbeit und flexible Arbeitszeiten wurden analysiert. Demnach arbeiten schwedische Manager mindestens einmal in der Woche von zu Hause aus, ebenso die Tschechen und die Norweger. In der Alpenrepublik ist das Thema Heimarbeit bis heute noch besonders schwach

ausgeprägt – was man als eine Erklärung für die vielen durch Arbeit hervorgerufenen Krankenstände werten kann. Mehr als ein Drittel der österreichischen Manager sagt, dass sie niemals von zu Hause aus arbeiten und nannten dafür folgende Gründe: inadäquate IT-Ausrüstung und IT-Systeme, mangelndes Interesse seitens der Firmenleitung und zu hoher Kostenaufwand. Mehr als die Hälfte meint aber, dass natürlich die Anschaffung eines Laptops die Arbeitsflexibilität signifikant steigern könnte. Weitere Technologiewünsche sind unter anderem ein flexibler Zugang zum Firmen-E-Mail-Account, Datensicherheit beim Heimzugang und Standleitungen. Schließlich sollten für die Studie österreichische Führungskräfte ihre Chefs klassifizieren: Darauf reagierte mehr als die Hälfte mit „Er ist für uns ein Cyber Boss", der ein Früherkenner der neuen Technologien und selten im Büro anzutreffen sei. Ehrlicherweise muss man daran anschließen, dass eher Chefs unter 40 Jahre als die „Cyber Boss" beschrieben wurden.
Die hier ausgeführte Studie zeigte ganz konkret folgendes auf: Die Österreicher sind Arbeitstiere, die zwar noch nicht ganz vom Arbeiten daheim überzeugt sind, ihre ganze Energie jedoch in die berufliche Arbeit fließen lassen. Vielleicht ist das der wesentliche Grund für den Erfolg der Österreicher als Manager. Sie sind ganz einfach Meister im „sich in die Arbeit Hineinknien".

Anschließend an die Ergebnisse der Nextra-Studie sei hier eine weitere Erhebung erwähnt, in der es allerdings nicht um die „fleißigen Österreicher", sondern vielmehr um einen möglichen Hintergrund für deren Fleiß geht. Helmut Kasper, Professor für Change Management und Management Development an der Wiener Wirtschaftsuniversität, hat eine ziemlich aufschlussreiche Studie in Auftrag gegeben. Konkret ging es um das Thema Konkurrenzkampf aufgrund des Markt- und Strukturwandels – der Österreichs Top-Manager übrigens am meisten ängstigt. Der Konkurrenzdruck und ein noch schärferer Wind in den oberen Unternehmensetagen fanden dann schließlich auch in den Antworten der aktuellen Umfrage ihren Ausdruck. Davor hatte noch der renommierte US-Unternehmensberater Booz Allen Hamilton festgestellt, dass die Ablöse der Chief Executive Officer – zu Deutsch der Vorstandsvorsitzenden – im Jahr 2004 eine Rekordhöhe erreicht habe und der Druck auf europäische Topmanager dadurch besonders groß sei. Demnach können europäische Manager nur sehr kurz, also knapp 2,5 Jahre, mit der Nachsicht ihrer Aufsichtsräte rechnen. Der Leistungsdruck, bezogen auf einen so geringen Zeitraum, habe jetzt ein Rekordniveau erreicht, meinten die Berater von Booz Allen Hamilton.

Die Machtkonzentration in Unternehmen vor dem Hintergrund des Markt- und Strukturwandels mache, wie bereits erwähnt, nahezu 60 Prozent der Top-Führungskräfte in Österreichs Managementetagen auch größte Angst. Das ergab die Studie von Professor Helmut Kasper. Es gehe dabei in besonderem Maße um die Bedrohungsszenarien für die eigene Karriere in einem immer enger werdenden Markt, versuchte der Wissenschaftler zu erklären. An der Einschätzung der notwendigen Zukunftskompetenzen zeigte sich dann schließlich auch, dass sich das mittlere Management möglichst schnell klassische Führungsmethoden aneignen möchte. Unsicherheit über den Einfluss von Politik und Gewerkschaft, Preisdruck und Veränderungen des Rechtsrahmens (etwa der Umweltschutzauflagen) folgten im Ranking der „Bedrohung". Noch komprimierter erschien dann die „Konjunktur" als Bedrohungsfaktor. Fast alle österreichischen Manager stehen der Globalisierung positiv gegenüber. Sie sehen die EU-Erweiterung als besonders große Chance für Österreichs Wirtschaft. Mehrheitlich gilt das auch für den Wertewandel in der Bevölkerung. Österreichs Wirtschaftselite befindet sich also auf dem richtigen Internationalisierungsweg. Knapp 14 Prozent der Erweiterungsbefürworter setzen übrigens auf interkulturelle Kompetenzen als wichtigsten Faktor der Humanressourcen. Es wird einfach erwartet, dass sich die neuen Beitrittsländer anpassen und für die Internationalisierung die bereits im Unternehmen vorhandenen Kompetenzen ausreichen. Das wäre jedoch ein Defizit, da auch zu wenig in Kompetenzentwicklung und in Innovation investiert werde. Das schaffe das Bedrohungspotenzial von Abwanderung der Innovationskraft in die neuen EU-Länder.

Interessant, nicht wahr? Wenn ihre eigene Karriere vor einer Bedrohung steht, versuchen die Österreicher rasch nachzuhelfen: und zwar, indem sie sich klassische Methoden der Führung aneignen und dadurch fest im Karrieresattel sitzen bleiben. Nachgeholfen wird dem Karrierepfad aber auch noch in anderer Art und Weise: etwa in Form von Überstunden, wie die jüngste Sonderauswertung des österreichischen Arbeitsklimaindex belegt. Dieser Index misst vier Mal im Jahr die Arbeitszufriedenheit der Österreicher und Österreicherinnen. Demnach stehen bei den alpenländischen Arbeitnehmern vor allem Mehrstunden auf der Tagesordnung. Kaum jemand kann zeitmäßig in dem Ausmaß arbeiten, wie es vereinbart wurde oder wie es den persönlichen Wünschen entspricht. So arbeiten 22 Prozent aller Vollzeitbeschäftigten in Österreich bereits länger als 45 Stunden pro Woche. Weitere 21 Prozent bringen es auf mehr als 40 Stunden. Damit liegt bereits knapp die Hälfte der Vollzeitbeschäftigten deutlich über einer 40-Stunden-Woche. Differenziert man nach Geschlecht, arbeitet mit 49 Prozent beinahe jeder zweite Mann mehr als 40 Stunden pro Woche, bei den Frauen mit Vollzeitbeschäftigung überspringen immerhin 33 Prozent die 40-Stunden-Hürde. Auch jene, die nach Teilzeitverträgen tätig sind, arbeiten oftmals länger als vereinbart. Bei Frauen beträgt die vereinbarte wöchentliche Normalarbeitszeit im Schnitt 32 Stunden – in Wirklichkeit werden aber durchschnittlich 34 Stunden daraus. Bei den Männern sind im Schnitt 39 Stunden vereinbart – in der Realität arbeiten sie dann allerdings doch 43 Stunden. Befragt nach ihren Wünschen, geben Frauen in der Alpenrepublik an, nur 32 Stunden pro Woche arbeiten zu wollen, Männer dagegen würden das Limit gerne bei 40 Stunden sehen.

Die Arbeitszufriedenheit der österreichischen Beschäftigten ist stark an die Arbeitszeit gebunden. Während Personen, die weniger als 30 Stunden in der Woche arbeiten, einen Arbeitsklima-Index von 111 Punkten erreichen, bewerten jene, die zwischen 30 und 40 Stunden arbeiten, ihre Arbeitszufriedenheit mit 107 Punkten. Die Gruppe derer, die mehr als 40 Stunden arbeitet, erreicht 106 Punkte. Jahrelang lag der Höchstwert des Arbeitsklima-Index bei 100 Punkten, dieser wurde aber, wie die folgende Tabelle zeigt, bereits vor Jahren überschritten.

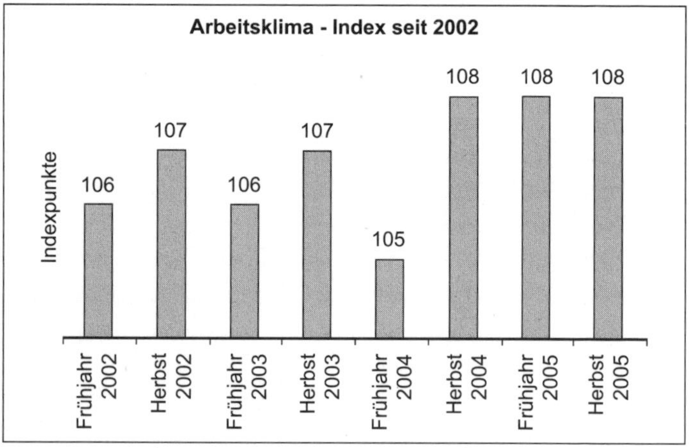

Tabelle: Arbeitsklima-Index seit 2002 (Quelle: AK Oberösterreich 4/05)

Lange zu arbeiten bringt auch zahlreiche Belastungen mit sich: So werden etwa die Zeiteinteilung sowie die Vereinbarkeit von Beruf und Familie zum Problem, sämtliche Formen von Stress steigen dramatisch an. Vor allem der psychische Stress erhöht sich mit zunehmender Arbeitsleistung exorbitant. Besonders betroffen sind jene, die mehr als 40 Stunden pro Woche arbeiten – bei Männern sind das 47 Prozent aller Arbeitnehmer, bei den Frauen 20 Prozent. In Indexpunkten beträgt der psychische Stress bei jenen, die bis zu zehn Stunden pro Woche arbeiten, lediglich 21 Punkte. Bei den Vollzeitbeschäftigten mit einer vereinbarten 40-Stunden-Woche beläuft sich der Stressindex auf 42 Punkte – also exakt auf das Doppelte. Wird noch mehr gearbeitet, steigt auch die Belastung stärker an. Bei Beschäftigten, die bis zu 45 Stunden in der Woche arbeiten, beträgt der Indexwert für den psychischen Stress bereits 48 Punkte, bei jenen mit mehr als 45 Stunden 52 Punkte. Die Betroffenen geben an, dass sie sich oftmals sowohl geistig als auch körperlich stark belastet fühlen. Ein nicht unwesentlicher Teil der Belastungen ergibt sich aus der Schwierigkeit, das Berufs- mit dem Privatleben in Einklang zu bringen. Befragt man Arbeitnehmer, wie sie die Vereinbarkeit von Familie und Beruf einschätzen, so zeigen sich jene, die weniger als 35 Stunden pro Woche arbeiten, deutlich zufriedener als jene, die mehr arbeiten.

Die Österreicher sind also einerseits fleißige Arbeitsbienen, und zwar eigentlich nur, weil sie den Macht- und Strukturwandel in ihren Unternehmen fürchten, doch sie arbeiten andererseits trotzdem zu viel und zu lang. Das trifft vor allem auf Akademiker, aber auch auf Beschäftigte in Verwaltung, Industrie und Gewerbe zu. So ergab etwa eine weitere Umfrage, dass knapp ein Drittel aller in Verwaltung und Sozialversicherungen Beschäftigten im Schnitt auf mehr als 45 Stunden Arbeit pro Woche kommen. In Industrie und Gewerbe arbeitet jeder Fünfte mehr als 40 Stunden, 16 Prozent sind hier mehr als 45 Stunden an ihrem Arbeitsplatz. Zusammen mit den Beschäftigten in Interessenvertretungen, Kultur und Sport zählen diese Branchen zu jenen mit der längsten Arbeitszeit, der Durchschnitt liegt deutlich über 40 Wochenstunden.

Der Handel liegt mit einer durchschnittlichen Arbeitszeit von zuletzt 35 Stunden deutlich hinten. Hier ist allerdings der hohe Anteil an Teilzeitbeschäftigten zu berücksichtigen, der in den vergangenen Jahren kontinuierlich auf derzeit 41 Prozent gestiegen ist. Überstunden sind aber auch in dieser Branche üblich: 14 Prozent arbeiten mehr als 40 Stunden pro Woche, 15 Prozent sogar mehr als 45 Stunden. Im Gesundheits- und Sozialwesen arbeitet jeder Zehnte mehr als 40 Stunden.

Vergleichsweise am geringsten ist der Überstundendruck jedoch bei den Lehrern. Hier geben nur neun Prozent der Befragten an, es auf mehr als 40 Stunden pro Woche zu bringen. Arbeitnehmer mit höherer Ausbildung arbeiten sonst aber deutlich mehr als weniger qualifizierte. Von den Beschäftigten, die lediglich über einen Pflichtschulabschluss verfügen, arbeiten zwölf Prozent mehr als 40 Stunden pro Woche, bei den Arbeitnehmern mit Lehre sind es 17 Prozent. 19 Prozent der Maturanten arbeiten mehr als 40 Stunden, Spitzenreiter bleiben jedoch die Akademiker: 27 Prozent kommen auf mehr als 45 Stunden.

Das österreichische Bildungssystem ist übrigens ein gut ausgeklügeltes: es besteht Unterrichtspflicht, die für die kleinen Österreicher und Österreicherinnen ab dem 6. Lebensjahr beginnt. Die Alpenrepublik hat, ebenso wie die Bundesrepublik Deutschland, als eines der wenigen unter den westeuropäischen Ländern ein zweistufiges Schulsystem: Nach dem Abschluss der Volksschule besucht man, je nach bisherigem Schulerfolg und Begabung, entweder ein Gymnasium oder die Hauptschule.

Was jedoch das österreichische Schulsystem vom deutschen unterscheidet: In Österreich gibt es für hochbegabte Kinder seit mehreren Jahren besondere Förderungsmuster. Eine ganz besondere Form der Förderung erhalten Kinder in der Sir-Karl-Popper-Schule in Wien. Sie wurde 1996 gegründet und hat sich nicht nur zum Ziel gesetzt, Hochbegabte zu fördern, sondern die Ergebnisse auch ins Regelschulwesen zu übertragen. Im Schuljahr 2004/2005 maturierten knapp 24 Schüler in der Popper-Schule. Drei Viertel davon verließen die Schule mit „ausgezeichnetem" oder „sehr gutem Erfolg." Entgegen den typischen Erwartungen an eine „Begabtenschmiede" muss in der Popper-Schule nur für die Nachmittagsbetreuung bezahlt werden. Bewerber müssen ein eigenes Auswahlverfahren über sich ergehen lassen und auch die Lehrer werden speziell ausgewählt. Derzeit besuchen laut Schuldirektor Günter Schmid rund 150 Jugendliche ab der 5. Klasse Gymnasium die Popper-Schule. Sie werden neben den üblichen Fächern wie Mathematik, Chemie, Geschichte und Geografie auch in „Kommunikation und Sozialkompetenz" unterrichtet. Eine vor kurzem durchgeführte Evaluierung habe gezeigt, dass der Intelligenzquotient der Popper-Schüler pro Jahr um rund zehn Punkte zunimmt.

Einen mächtigen Dämpfer erfuhr die österreichische Pracht-Bildungslandschaft jedoch im Jahr 2004. PISA lautete der Grund für die große Schande. Von wegen *tu felix Austria*. Das Abschneiden der österreichischen Schüler und Schülerinnen bei der PISA-Studie der OECD muss in etwa so angemutet haben wie die späte Rache der Deutschen für die legendäre „Schmach von Córdoba" bei der Fußball-Weltmeisterschaft 1978 in Argentinien. Zwar hatte sich Deutschland im Bildungsvergleich der Nationen nicht so großartig verbessert, doch Österreich stürzte regelrecht ab: Hatte das Land bei der PISA-Studie 2000 noch deutlich vor dem großen Nachbarn gelegen, waren die 15- bis 16-jährigen österreichischen

Schüler 2004 auf Augenhöhe mit den Deutschen zu finden – das heißt auf eher niedrigem Niveau. Selbst das deutsche Renommier-Magazin „Der Spiegel" titelte ätzend mit „So schlecht wie die Piefkes". Mehr brauchte die Alpenrepublik nicht. PISA 2000 war offenbar zu positiv ausgefallen, meinten die Kollegen des Hamburger Magazins weiter, weil „die schlechten Ergebnisse österreichischer Berufsschüler zu gering gewichtet worden waren. Bei PISA II hat es Österreich kalt erwischt: Rechnet man die neu hinzugekommenen – und besser platzierten – Länder wie Hongkong oder die Niederlande heraus, lag Österreich im Kriterium Mathematik mit Rang 15 nur noch einen Platz vor den Deutschen. Bei der ersten Untersuchungswelle im Jahr 2000 war es noch der 11. Platz."

Es kam wie es kommen musste, nämlich noch dicker: In der Kategorie Lesen verschlechterte sich Österreich von Platz zehn auf Platz 19 und somit einen Platz hinter Deutschland. Besonders schmerzhaft für die Ösis: Bei den Naturwissenschaften fielen sie von Platz 8 auf Platz 19. Auch hier lag Österreich schlussendlich hinter Deutschland. Die politischen Reaktionen in der Alpenrepublik waren dementsprechend. Harakiri war vermutlich noch das Positivste, woran die verbissene österreichische Bundesregierung zu diesem Zeitpunkt dachte. Die Sozialdemokraten bewarfen die konservative Bundesregierung mit frechen Parolen à la „Bildungspolitik von Schwarz-Blau vor dem Bankrott". Ein nationaler Bildungsrat wurde ausgerufen, die Sozialdemokraten aufgefordert mitzuwirken.

Und so kam es zu einem regelrechten Streit der Regierungsparteien. Die Sozialidemokraten (SPÖ) gaben dabei den Konservativen (ÖVP) die Schuld am PISA-Dilemma und an Versäumnissen in der gesamten Bildungspolitik. Die SPÖ plädierte für die Abschaffung des Wiederholens einer Schulstufe und für die langfristige Umsetzung der Gesamtschule

und bot schließlich freiwillig an, dieser Abschaffung mit der bis dahin im Parlament benötigten Zweidrittelmehrheit zuzustimmen.
Im April 2005 schien es, als ob sich SPÖ und ÖVP auf die komplette Aufhebung der Zweidrittelmehrheit für Schulgesetze einigen könnten. Während der Verhandlungen wollten dann aber beide Parteien von ihren Positionen plötzlich nicht mehr abrücken. Während die SPÖ den freien Schulzugang und ein Verbot von Schulgeld forderte sowie den Religionsunterricht in die Verfassung aufnehmen wollte, verlangte die ÖVP, das differenzierte Schulsystem in der Verfassung zu verankern. Als die Verhandlungen bereits an der Kippe standen, einigte man sich aber schlussendlich dann doch darauf, die seit 1962 geltende Zweidrittelmehrheit für Schulgesetze abzuschaffen. Bereits am Folgetag nach der von beiden Seiten gefeierten Zustimmung zur Neuregelung – die zuständige österreichische Ministerin Elisabeth Gehrer sprach damals sogar von einem „Jahrhundertgesetz" – und noch Tage vor Beschlussfassung im Parlament äußerten sich die beiden Parteien jedoch erneut konträr zum eigentlichen Kernpunkt des Übereinkommens – der potenziellen Einführung der Gesamtschule: „Der Gesetzgeber hat ein differenziertes Schulsystem vorzusehen, das zumindest nach Bildungsinhalten in allgemeinbildende und berufsbildende Schulen und nach Bildungshöhe in Primär- und Sekundarschulbereiche gegliedert ist, wobei bei den Sekundarschulen eine weitere angemessene Differenzierung vorzusehen ist."
Als Streitpunkt galt vor allem, was mit „angemessener Differenzierung" gemeint war. Während die SPÖ argumentierte, unterschiedliche Schwerpunkte innerhalb von Schulen und interne Differenzierungen würden damit verfassungskonform gehen, sah die ÖVP die Regelung als eindeutige Festschreibung des Systems von Hauptschulen und AHS. Dies löste eine Welle an Unmut in Österreich aus, selbst die Verfassungsrechtler kritisierten die Regelung umgehend

und wiesen darauf hin, dass durch eine solch vage Regelung am Ende vermutlich die Entscheidung auf den Verfassungsgerichtshof überwälzt würde. Nach genauerer Analyse der Bestimmung sei neben der Formulierung der „angemessenen Differenzierung" noch ein zusätzliches Schlupfloch zur Einführung einer Gesamtschule der sechs- bis 14-Jährigen vorhanden. Da lediglich eine Differenzierung der Sekundarschulen gefordert wird, könnte eine Änderung der Einteilung Primär- sowie Sekundarschule die unsichere Interpretation von „angemessener Differenzierung" umgehen. So könnten die jetzige Volksschule in Primärschule I und die AHS-Unterstufe (Allgemein bildende höhere Schule) in Primärschule II umbenannt werden und lediglich eine vier- bis fünfjährige Sekundarschule übrig bleiben, die bereits jetzt die Forderung einer „angemessenen Differenzierung" erfüllt. Ein solches System gibt es in den USA, wo die Sekundarschule erst mit 14 Jahren beginnt.
Die Bildungsministerin ließ nach dem Vorliegen der PISA-Ergebnisse 2004 schließlich durch einen Statistiker erheben, dass bei der ersten Befragung im Jahr 2000 die Lehrlinge an der Gesamtzahl der getesteten Schüler zwölf Prozent betragen haben, im Jahr 2004 jedoch bereits 20 Prozent, wodurch eine Verfälschung der Ergebnisse eingetreten sei. Sie lud außerdem, wie das in Österreich so üblich ist, zu einem „Reformdialog" ein und diskutierte mit einer Reihe von wichtigen und sich wichtig nehmenden Menschen über das Thema Bildung und Perspektiven für die nächsten Jahre. Über den Sommer 2005 war das Thema PISA schließlich begraben.
Heute, über ein Jahr nach Veröffentlichung der Studie, ist vieles davon bereits wieder in Vergessenheit geraten. Zumindest bis zur nächsten PISA-Studie.

Soweit zum Schulsystem. Nun zum Hochschulsystem in Österreich. Universitäten gibt es – ausgenommen von Leoben und Krems – in der Bundeshauptstadt Wien sowie in den Landeshauptstädten Linz, Salzburg, Graz, Innsbruck, Eisenstadt und Klagenfurt. Wie das Schulwesen in Österreich ist auch das universitäre Angebot breit gefächert. Nicht nur die zahlreichen Universitäten, auch postgraduale Hochschulen zählen zu den Bausteinen der Bildungslandschaft. Unter den wichtigsten Studienrichtungen finden sich neben Medizin und Rechtswissenschaften auch Sozialwissenschaften, Wirtschaftswissenschaften, Geisteswissenschaften sowie technische und künstlerische Studien. Neben dem Studienberechtigungszeugnis ist manchmal auch eine Zulassungsprüfung beziehungsweise ein Aufnahmetest nötig – etwa an den Universitäten der Künste sowie seit Herbst 2005 an den Medizin-Universitäten Wien und Innsbruck. Die Studiendauer liegt in der Regel zwischen acht bis zwölf Semestern. In der Praxis ist die durchschnittliche Studiendauer aber um etliches höher: 13 Semester bei Rechtswissenschaften und 17 Semester bei Medizin. Das Studium wird mit akademischen Graden Bakkalaureus „Bakk.“, Diplomingenieur „Dipl.-Ing.“ bei technischen Studien oder Magister „Mag.“ abgeschlossen, ein Doktoratsstudium endet mit dem Doktorgrad „Dr.“. Bis Ende der siebziger Jahre wurde an den Wirtschaftsuniversitäten anstatt des Magisters auch noch der Titel Diplomkaufmann „Dkfm.“ verliehen. Die Fachhochschule wiederum ist eine alternative akademische Ausbildungsform, die es in Österreich seit 1994 gibt. Fachhochschulen dauern in der Regel vier Jahre, wobei das siebente Semester ein Praxissemester ist und im letzten Semester die Diplomarbeit geschrieben wird. Die Studienplätze an Fachhochschulen sind stark limitiert. Meist werden zwischen 15 und 150 Studenten pro Jahrgang aufgenommen, die Bewerber einem mehrteiligen Auswahlverfahren unterzogen. Hier sind die wichtigsten Studienrichtungen Wirtschaft, Tourismus, Technik, Informationswesen und -technologie, Medien und Design sowie Gesundheit und Soziales. Im Gegensatz zu den Universitäten sind die Standorte der Fachhochschulen dezentral verteilt und befinden sich daher teilweise in kleineren Städten. Ein Fachhochschulstudium schließt mit dem akademischen Grad Magister „Mag. (FH)“ oder Diplomingenieur „Dipl.-Ing. (FH)“ ab. Die Studenten haben dank praxisbezogener Ausbildung meist gute Berufsaussichten, besonders im Bereich Wirtschaft. Im Anschluss an eine Fachhochschule kann auch ein Doktoratsstudium an einer Universität absolviert werden.

Ist die Ausbildung dann endlich geschafft, folgt – und das wird jedem heranwachsenden Kind immer wieder vorgesagt – der „Ernst des Lebens“. Das ist nun einmal typisch österreichisch. Wobei unter dem „Ernst des Lebens“ eigentlich die Arbeitswelt schlechthin verstanden wird. Die Österreicher üben übrigens von klein auf das „Training on the Job“. Sie sind begeisterte Klassensprecher, später an der Hochschule politisch aktiv, bei Verbänden und Burschenschaften dabei. So lernt „Jedermann Österreicher“ schon in jungen Jahren sich auf dem österreichischen politischen Parkett gekonnt zu behaupten.

Der Weg zum Ziel und zur Top-Karriere führt jedoch über viele steinige Wege und – durch einen ganz besonderen Dschungel. Und zwar einen, für den die Alpenrepublik bekannt – manch einer würde sogar sagen „verschrieen“ – ist. Es ist der Dschungel der Titel und Auszeichnungen in Österreich. Denn hierzulande haben Orden und Titel besonderes Gewicht. Der Titel ist das Tor zur Welt der Bedeutsamen, der Orden die Eintrittskarte in die Welt der heimischen Gesellschaft. Salzburgs derzeit umjubelter „Jedermann“ Peter Simonischek hat eines, ebenso wie Italiens Ministerpräsident Silvio Berlusconi. Selbst Bayerns Staatschef Edmund Stoiber bekam eines im Jahr 2000 verliehen: die Rede ist vom „Großen Goldenen Ehrenzeichen am Bande“ für Verdienste um

die Republik Österreich. Gute Taten, die Menschen in Österreich und für Österreich vollbringen, belohnt die Republik mit einer Vielzahl von Orden und Titeln. Politiker und Staatschefs, die nach Österreich auf Besuch kommen, erhalten diese ebenso. Verliehen werden sie im Prinzip einzig und allein vom Bundespräsidenten. Persönlich tut er es jedoch höchst selten. „Nähe und Distanz zu den Ausgezeichneten definieren nämlich deren Wichtigkeit im Spiel", beschreibt Buchautorin Elisabeth Horvath in ihrem Werk „Orden & Titel in Österreich – Wie wird man Würdenträger/in" die Situation. Im Unterschied dazu fordern in Deutschland die politischen Eliten die Bevölkerung auf, Auszeichnungswürdige namhaft zu machen.
Mitunter sind die Österreicher nicht so zurückhaltend und schlagen sich selber für Orden vor, entdeckte Elisabeth Horvath verwundert. Je höher der Rang, desto lieber, lautet das Motto, das jene Menschen antreibt. Um statt des Silbernen das Goldene Dekor zu ergattern, um statt des Medizinalrates den Professor am Türschild zu verewigen, ziehen einige sogar monatelang in den Kampf. Manche haben es diesbezüglich leichter, nämlich jene Berufsgruppen, denen Orden und Titel durch lange Dienstzeiten oder durch die Erreichung eines bestimmten Lebensalters zufallen. In der Kunst- und Kulturmetropole Wien wird man daher leicht Kammersänger oder Kammerschauspieler. Zur Tradition zählt etwa auch, dass die Mitglieder der Wiener Philharmoniker alle ab dem 50. Geburtstag zu „Professoren" erhoben werden. Der 50. Geburtstag ist übrigens eine besonders wichtige Schwelle. Etwa für den Titel Kommerzialrat. Ab 60, 70 steigert sich die Intensität noch mehr: die Liste der eingeheimsten Orden und Titel wird in immer kürzeren Abständen länger.
Das Ordens- und Titelwesen in der Alpenrepublik ist ein dichtes, komplexes und höchst differenziertes Geflecht, das die Psyche der Menschen beschäftigt. Wer am Opernball tanzt, der braucht einen Orden, und zwar einen, den man

auch wirklich sehen kann. Den größten. Richtig am Frack platziert, tut er dann seine Wirkung. Das Procedere, um einen Titel zu erlangen, ist übrigens ein ähnliches wie jenes beim Ordenswesen. Wer keinen Anreger findet, geht leider leer aus, und wer noch nicht über 50 ist, ebenfalls. Immerhin wurde der Professorentitel in Österreich zwischen 1998 und 2003 gleich 706 Mal verliehen. Zu Hofräten werden im Jahr rund 100 Bürger der Alpenrepublik gemacht. Der Titel Hofrat scheint in den Annalen übrigens erstmals im Jahr 1519 auf und war damals die Bezeichnung für eine Behörde, die sich im Heiligen Römischen Reich formierte.

In Österreich blieb der Hofrat als Titel bestehen und überlebte das Ende der Monarchie und den Zweiten Weltkrieg. Obwohl es heute keinen Kaiser und demnach auch keinen Hof mehr gibt, blieben die Hofräte Österreich erhalten. Der Titel ist aber heute mehr eine Alterserscheinung denn eine wirkliche Auszeichnung.

Eine besonders berührende Szene im Buch von Elisabeth Horvath: Als der prominente Schauspieler und Golden-Globe-Gewinner Klaus Maria Brandauer vom damaligen Bundespräsidenten, Thomas Klestil, den Titel „Ordentlicher Hochschulprofessor“ verliehen bekam, sagte er im Gedenken an seine verstorbene Frau Karin ein Gedicht auf, um sich für die Ehrung zu bedanken. Krasses Gegenteil dazu war der Boss eines der größten österreichischen Unternehmen, der seinen Orden in Empfang nahm, „gemma“ sagte – und verschwand.

Manche Dinge ändern sich nie: Hieß es zu Nestroys Zeiten ehrerbietig „Küss die Hand, Herr von Pospischil“, so dienert der beflissene Kellner im Café heute mit „Habe die Ehre, Herr Doktor Pospischil“ – beides völlig unabhängig von tatsächlich ererbten oder erworbenen Titeln des so Angesprochenen. Obwohl oder vielleicht gerade weil die rot-weiß-rote Republik die Adelsprädikate der Monarchie rigoros abgeschafft hat, erblühte eine neue, akademische Titelwut, auf die insbesondere unsere deutschen Nachbarn gleichermaßen fasziniert wie verständnislos herabsehen. Akademiker werden dort weitestgehend nur mit ihren Namen angesprochen, während hierzulande jeder kleine Magister auf sein Recht pocht, als solcher tituliert zu werden. Auch Funktionsbezeichnungen wie „Generaldirektor" oder „Herr Abgeordneter" sind in Deutschland seit Jahrzehnten passé, hier hingegen begegnet man Berufstiteln wie „Baurat", „Ökonomierat", „Amtsrat" oder „Oberstudienrat" auf Schritt und Tritt. Und weil guter „Rat" heutzutage nicht nur nicht teuer, sondern sogar eine besonders kostengünstige Form darstellt, in der die Republik ihren Bürgern in gewisser Weise „Dankeschön" sagen kann, wird mit solchen Ernennungen auch nicht gegeizt. Stolze 2.437 Berufstitel verlieh der Bund allein im Jahr 2004 an verdiente Bürger, gleich 60 Prozent davon entfielen auf die Zuständigkeit des Bildungsministeriums. Denn den Antrag auf Verleihung eines „nicht sichtbaren" oder „sichtbaren" Ehrenzeichens, also auf einen Titel oder einen Orden, stellt immer der zuständige Minister. Für den zuständigen Ministerialrat in der Präsidentschaftskanzlei, Georg Frölichsthal, der für Berufstitel verantwortlich zeichnet, ist der ordnungsgemäße Werdegang vom Sänger zum Kammersänger durchaus normal, erklärte er unlängst in einem Interview: „Zuerst macht die zuständige Institution – zum Beispiel die Opern- oder die Bundestheaterdirektion – einen Vorschlag beim entsprechenden Regierungsmitglied. In diesem Fall bei Ministerin Gehrer. Deren zuständige Abteilung überprüft, ob die Voraussetzungen für eine Ehrung erfüllt sind – die meisten Berufstitel verlangen neben der fachlichen Voraussetzung auch ein Mindestalter von 50 Jahren – und ob der Kandidat tatsächlich auszeichnungswürdig ist. Dann wird festgestellt, welcher Titel in Frage kommt, ehe beim Auszuzeichnenden in spe die Annahmebereitschaft erfragt wird. Zwar gibt es nur wenige, die einen Titel ablehnen, aber es kommt schon vor. Abschließend stellt dann das Regierungsmitglied einen

Antrag an den Bundespräsidenten, der den Titel verleiht, wenn er auch nur höchst selten persönlich die Insignie oder das Dekret überreicht."

Besonders interessant ist in diesem Zusammenhang, dass auch respektierte, angesehene Journalisten nach derartigen Auszeichnungen gieren. Wozu benötigen etwa unabhängige Medienleute die Insignien der Staatsmacht? Um auf Banketten oder Bällen ihre Orden zur Schau zu stellen? Manch einer stellt es besonders geschickt an und akzeptiert deshalb staatliche Ehrungen erst nach Beendigung seiner journalistischen Laufbahn. So etwa machte es Heinz Nussbaumer, Außenpolitik-Ressortleiter bei der Wiener Tageszeitung „Kurier" und danach Pressesprecher von Bundespräsident Thomas Klestil. Ein anderer, der ehemalige ORF-Chefkorrespondent in Deutschland, Paul Schulmeister, ist lediglich im Besitz von zwei Dekorationen auf Bundesebene. Auch der Enthüllungsjournalist der Nation, Österreichs „Bob Woodward", Alfred Worm, hat den Professoren-Titel bereits vor mehreren Jahren erhalten. Aber auch der politische Berichterstatter der „Frankfurter Allgemeinen Zeitung" in Wien, Reinhold Olt, wurde mit dem Professoren-Titel geadelt. „Journalisten sind Bürger wie alle anderen", sagte Bundespräsident Thomas Klestil übrigens bei einer Laudatio. Man schrieb den 5. Dezember 1995, als diese Worte gesprochen wurden. An diesem Tag kam es in der Alpenrepublik zu einer wohl einzigartigen Massenehrung. Gleich 23 Journalistinnen und Journalisten waren in die Hofburg geladen worden, um dort das Ehrenzeichen der Republik Österreich entgegen zu nehmen. Diese Journalistinnen und Journalisten hatten sich besondere Verdienste um die EU- Berichterstattung erworben. So sah es jedenfalls der damalige Außenminister Alois Mock, der dem Bundespräsidenten die Genannten zur Ehrung vorschlug. Der damalige Kurier-Chefredakteur Hans Rauscher hielt die Dankesrede. Rauscher, heute Kommentator bei der Wiener Tageszeitung „Der Standard" ließ übrigens in einem Interview selbstsicher ausrichten: „Ich habe die Auszeichnung mit der notwendigen inneren Distanz angenommen. Sie hat mich später nicht daran gehindert, als Kommentator sowohl Mock als auch Klestil zu kritisieren." Das Ehrenzeichen selbst trug Rauscher in den vergangenen Jahren „nur ein, zwei Mal". Beim Opernball natürlich und bei einem Bankett zu Ehren des spanischen Königspaares. Die kleine Ausführung als Anstecknadel – für den täglichen Gebrauch gedacht – legt der Journalist nicht an. Rauscher: „Dafür bin ich auch schon vom Protokollchef des Bundespräsidenten gerügt worden." Dass Rauscher bei seiner Rede die rechten Worte fand, hat dann auch sein heutiger „Standard"-Kollege Erhard Stackl bestätigt: „Er hat deutlich gemacht, dass wir auch weiterhin nicht für die Regierung schreiben werden."

Klingt doch ganz ehrlich und plausibel. Wie schreibt Elisabeth Horvath so treffend am Ende ihres Buches? „Wer am Opernball tanzen will, der braucht Orden. Zumindest einen, den prächtigsten, den man hat. Es dürfen auch zwei oder drei sein, richtig am Frack platziert tun sie ihre Wirkung. Wer am Opernball geschäftliche Beziehungen pflegen will, der braucht einen Orden. Wer am Opernball gesehen werden will, der braucht einen Orden. Wer am Opernball dazugehören will, der braucht einen Orden. Es gibt also keinen einzigen Grund, warum man einen Orden nicht brauchen sollte." Das ist also des Rätsels Lösung in Sachen Ordens-, Titel- und Auszeichnungs-Verleihung – zumindest was die rot-weiß-rote Alpenrepublik betrifft.

Die Bewohner Österreichs scheinen besonders tüchtige Menschen zu sein. Wie bereits erwähnt, machen sie ihrem Ruf als Workaholics höchste Ehre. Die Ösis als Macher? Auch das kann man eindeutig mit „Ja" beantworten. Ihr Erfolgsrezept lautet aber nicht nur Fleiß, Ausdauer und Strebsamkeit, sondern auch gezieltes Auszeichnungs-Networking. Das ist in der Alpenrepublik besonders ausgeprägt. In keinem anderen EU-Land legt man so viel Wert auf Titel. Und wer keinen hat – kein Problem: dem stülpt man rasch einen über.

4. Das Ösi-Psychogramm

Österreichs Seele unter der Lupe: Analysen Erwin Ringels und des Wiener Wirtschaftspsychologen und international tätigen Personalrecruiters Othmar Hill.

„Dieses Land ist eine Brutstätte der Neurose“, schrieb der renommierte Wiener Psychiater Erwin Ringel im ersten Kapitel seiner Betrachtungen „Die österreichische Seele – Zehn Reden über Medizin, Politik, Kunst und Religion“ im Jahr 1984. Und Ringel traf mit seinem aufrüttelnden Buch voll ins Schwarze. Er hatte sich als Arzt vor allem mit der Selbstmordverhütung, der Psychosomatik, der Neurosenlehre, der Sozialpsychologie sowie tiefenpsychologischen Aspekten zu Kunst, Religion und Gesellschaftspolitik jahrelang beschäftigt. Das Buch wurde ein Bestseller – obwohl, oder vielleicht gerade weil es umstritten war. Ringel nannte in der „Österreichischen Seele“ die Dinge schonungslos beim Namen. Er skizzierte seine Landsleute und machte dabei einen gewaltigen Schritt nach vorne, indem er ihren Seelenzustand entlarvte und schilderte, ohne sich ein Blatt vor den Mund zu nehmen. Unplugged sozusagen. Daraus wurde schließlich ein Klassiker, den nicht nur seine Kollegen, sondern auch Journalisten und Politiker ganz gerne immer wieder zitieren. Ringels Annahme und Betrachtung lautete: Die Österreicherinnen und Österreicher seien nicht nur „blanke Perfektionisten“, sondern vor allem „Perfektionisten mit einer morbiden Seele“.

Neurosen gebe es selbstverständlich überall, meinte Ringel. Aber „es gibt kaum ein Land, in dem sie so blühen wie in Österreich“. Es sei „nicht schwer gewesen, in diesem Land die Neurosen zu entdecken: ja, hier musste es geschehen, wo denn sonst, weil es hier einem sozusagen in die Augen sprang und man es auf die Dauer nicht übersehen konnte“. Ringel erklärte auch, warum das so sei: Umfragen hätten seinerzeit ergeben, dass die drei wichtigsten Erziehungsziele des Österreichers Gehorsam, Höflichkeit und Sparsamkeit seien. Daraus komme die Bereitschaft des Österreichers zu „devotem Dienen" – mehr noch, zu „vorauseilendem Gehorsam". Das heißt: Befehle, noch ehe sie ausgesprochen werden, zu erahnen und zu erfüllen. Eines bemängelte Erwin Ringel dabei jedoch: Der Begriff „Glücklich sein" schien nie in den besagten Umfragen auf.

Der Österreicher ist also, laut dieser unglaublichen Schilderung des angesehenen Wiener Psychiaters, ein morbider, neurotischer, trotz allem jedoch höflich bleibender Mensch, der niemals zugeben würde, wie es in ihm wirklich aussieht. Der aber dennoch gehorsam seine Pflicht erfüllt und dabei von einem besonderen Perfektionismus getrieben werde.

Wenn man Erwin Ringel Glauben schenkt, so hat diese notorische Morbidität eine historische Wurzel. Und die liegt fast 140 Jahre zurück. Das Land sei ab dem Ausgleich mit Ungarn im Jahr 1867 unrettbar dem Untergang geweiht gewesen. Damals wurde ein Vertrag über das staatsrechtliche Verhältnis zwischen Österreich und Ungarn abgeschlossen, der das bisherige Kaisertum Österreich in die so genannte Doppelmonarchie, die bis ins Jahr 1918 bestand, umwandelte. Selbst der österreichisch-ungarische Außenminister Leopold Berchtold betonte 1912: „Wir müssen uns selber umbringen, bevor das andere tun." Und nach dem Ende des Ersten Weltkrieges, also nach 1918, begann die Österreichische Verfassung mit folgendem Satz: „Deutschösterreich ist ein Bestandteil der Deutschen Republik." Klarer Fall für Erwin Ringel: Österreich war ein Staat, der bereits mit dem ersten Satz seiner neuen Verfassung schon Selbstmord begangen hat. Da sei bereits im Keim „der Staat, den keiner wollte" enthalten und auch der neuerliche Tod besiegelt gewesen.

Aus Freude über das Gelingen des Projekts „befreites Österreich“ entwickelte sich nach Unterzeichnung des Staatsvertrags 1955 schnell ein wechselhaftes Klima „gereizter Zufriedenheit“: Jede Art der kritischen Auseinandersetzung mit dem Land wurde damals – und wird es heute immer noch – als Angriff und als Kränkung gedeutet. Mangelndes Selbstbewusstsein, autoritäre Fixierung – quasi, als historisches Erbe. Erwin Ringel hat diese Charaktereigenschaften der Österreicher die „österreichische Seele“ benannt.

Um einem Österreicher zu imponieren und seine Gunst zu erhaschen, müsse man – so meinte jedenfalls Ringel in seinem Buch – ihm zumindest das Gefühl geben, ihn zu verstehen. Ringel konkret: „Der Österreicher ist durch nichts leichter zu fangen, als wenn man ihm sagt: ‚Du bist ein ungerecht Behandelter, ein Getretener und Unterdrückter, ich aber werde kommen und Dich aus dieser Not und diesem Elend befreien.‘“
Ringel widmete sich in seinem Buch auch der österreichischen Sprache. Er zitiert den österreichischen Schriftsteller und promovierten Psychologen Helmut Eisendle mit den Worten: „Österreich ist seine Sprache.“ Die Österreicher hätten sich also eine Sprache angewöhnt, die aus Phrasen und Formeln bestünde und demnach die Perpetuierung des spanischen Hofzeremoniells im Rhetorischen bedeute. Ringels Erklärung dazu: „Wir haben reden gelernt, ohne Gefühle äußern zu dürfen, und damit verlernt, sie ausdrücken zu können, wir verstecken uns also vor den anderen.“

Bezeichnend: Als man die Österreicher und Österreicherinnen im Jahr 2005 fragte, was sie ihren Kindern in der Erziehung beibringen würden, nannten sie erneut die Begriffe Gesundheitsbewusstsein, Sparsamkeit, Höflichkeit und Freundlichkeit sowie Gehorsam gegenüber Älteren und Vorgesetzten, erhob das Österreichische IMAS Meinun gsforschungsinstitut in seiner Studie „Erziehungsziele in Zentraleuropa“ im Mai 2005. Was einen Beweis dafür liefert, dass Ringels Analyse heute noch gilt.

Als „besonders wichtige Tugenden“ betrachteten die Österreicher überdies Wissensdurst, Umweltbewusstsein und offenes Eintreten für die eigene Meinung. In all diesen Punkten unterschied sich die österreichische Bevölkerung, wie eine länderübergreifende Untersuchung von IMAS schließlich ergab, nur wenig von den Wertvorstellungen der Deutschen, aber auch der Nachbarn in Tschechien, Polen, Ungarn und Slowenien. Allerdings fiel auf, dass die Österreicher und Österreicherinnen der Sparsamkeit einen ganz besonders hohen Stellenwert einräumten. Ein größeres Gewicht, als es die Bewohner der meisten übrigen Länder taten, maßen die Österreicher überdies dem Umwelt- und Gemeinschaftsbewusstsein bei. Auch sonst entdeckten die IMAS Meinungsforscher in den Wertvorstellungen der Mittel- und Osteuropäer einige recht unterschiedliche Akzente. Bezeichnend für Deutschland sei ein gewisser Hang zu antiautoritären Idealen, der sich in einer sehr unterdurchschnittlichen Empfehlung zum Gehorsam gegenüber Älteren und zur Anpassungsbereitschaft ausdrücke. Vergleichsweise sehr wenig – und auch erheblich seltener als die Österreicher – zählten die deutschen Nachbarn außerdem Heimat- und Vaterlandsliebe sowie Frömmigkeit und christlichen Glauben zu den empfehlenswerten Leitlinien für das Leben. Was von den Bewohnern der Bundesrepublik andererseits ziemlich häufig betont wurde, war Toleranz gegenüber Ausländern und Asylanten.

Tiefgreifende Widersprüche in den Erziehungsgrundsätzen brachte die IMAS-Studie freilich nicht nur bei den beiden deutschsprachigen Ländern, sondern auch zwischen den Bewohnern der osteuropäischen Länder zutage. Unverkennbar seien vor allem die zuweilen stark abweichenden Auffassungen der Polen von denen der übrigen Osteuropäer. In ganz extremer Weise gilt dies für das Erziehungsideal „Frömmig-

keit, christlicher Glaube“, das in Polen von 53 Prozent, in Tschechien hingegen nur von elf Prozent der Bevölkerung unterstützt wird.
Als „besonders uneinheitlich“ bezeichneten die Meinungsforscher auch die Haltung gegenüber Ausländern und Asylanten: Von den Polen und Slowenen plädieren – ebenso wie von den Deutschen und Österreichern – rund zwei Fünftel der Erwachsenen für Toleranz, in Ungarn deutlich weniger und in Tschechien skandalös wenige. Was man in Österreich durchaus als Standortfaktor preisen kann: Denn es ist ein Vorteil, in einem Land seine Konzernzentrale errichten zu können, in dem ausländische Arbeitskräfte nicht von ihren Kollegen angefeindet werden. Deutschland und Österreich liegen zwar ex aequo in dieser Studie beieinander, doch vermutlich nützen die Deutschen ihren Vorteil nicht.
Ungemein niedrig, und zwar mit 16 Prozent, lagen in Tschechien nicht zuletzt die Opferbereitschaft und der Einsatz für andere Menschen. Was die Ungarn betraf, so nahmen sie in punkto Heimatliebe mit 53 Prozent den ersten Platz, hinsichtlich Ehrgeiz und Strebsamkeit mit 17 Prozent jedoch lediglich die letzte Stelle im Ländervergleich ein.

Die einschlägigen Befunde wirken nicht gerade ermutigend, resümierte das IMAS Meinungsforschungsinstitut. Denn die Erziehungsmaxime „eine europäische Gesinnung haben, sich als Europäer fühlen“ nehme sowohl in Österreich als auch in Deutschland, in Polen und in Slowenien bestenfalls den vorletzten Platz unter den Wertvorstellungen ein. Am häufigsten werde von den Ungarn, wenngleich nur von 30 Prozent, empfohlen, bereits die Kinder auf ein Miteinander in Europa einzustimmen.

Das Resultat aus dem Jahr 2005 mag den Leser im Vergleich zu jenem aus dem Jahr 1984 erstaunen. Es zeigt aber klar auf, dass die Österreicher und Österreicherinnen immer noch dieselben Werte, wie sie Erwin Ringel bereits 1984 beschrieben hat, an ihre Kinder – die dann im besten Fall vielleicht einmal tüchtige und erfolgreiche Manager werden könnten – weitergeben. Es macht aber auch deutlich, dass Österreich im Vergleich zu den angrenzenden Ländern eine Pole-Position hat: Österreicher geben es nicht nur an ihre Kinder weiter, sie sind auch wissensdurstiger als ihre Nachbarn, und sie sind toleranter gegenüber anderen Nationen. Was einen gewissen Standortvorteil bringt, den die Österreicher eben nützen.

Während Erwin Ringel sich an der Mieselsüchtigkeit der genialen Macher der Alpenrepublik delektierte, hat er daneben aber auch eine ganze Reihe von Eigenschaften analysiert und entdeckt, an denen man die Österreicher erkennen kann. Diese verrückte, aber durchaus lustige Psychopathologie soll hier nicht vorenthalten werden:

• Die Ösis haben ein gesundes Selbstbewusstsein: Was die Österreicher nicht mögen, ist, wenn man sie nicht mag. Sie wollen gefallen, um jeden Preis. Man könnte es auch so definieren: Sie sind sozusagen quotengeil – hinter der Maske der Bescheidenheit.

• Die Ösis sind ständig auf der Suche nach ihrer Identität: Sie mögen es, in Ruhe gelassen zu werden. Denn: Wer in Ruhe gelassen wird, den mag man ja schließlich. Daraus folgt – sie wollen partout nicht auffallen. Die Österreicher hassen es auch, wenn sich jemand einmischt: und zwar in Dinge, die ihn nichts angehen.

• Die Ösis streiten nicht gerne: Sie sind selten aggressiv. Konflikte austragen, ist nicht ihr Ding. So wird beispielsweise in der Politik anstelle eines handfesten Streits der Parteien ab und zu auch einmal ein „Kuschelkurs“ gefahren.

- Die Ösis kennen keine Solidarität: Wenn etwas passiert, dann soll es, bitteschön, einem anderen passieren, nicht aber in der Alpenrepublik. Das Florianiprinzip – frei nach der Devise „ ... verschon' mein Haus, zünd's andere an" – ist der typische Fall von österreichischem Abwehrmechanismus.

- Die Ösis mögen Autorität und Obrigkeit: Alles muss in der Alpenrepublik seine Ordnung haben. Dafür muss es aber auch jemanden geben, der darauf schaut, dass alles so bleibt, wie es ist. Man schimpft „gegen die da oben", aber man getraut sich nicht, es ihnen direkt ins Gesicht zu sagen.

- Die Ösis sind keine Ängstlichen: Angst, das Wort kennt man in der Alpenrepublik nicht. Im Gegenteil, obwohl die Ösis vieles in ihrem Land nervt, kränkt, und „wurmt", würden sie deswegen niemals psychisch krank werden.

Nach Erwin Ringel hat sich auch der Wiener Wirtschaftspsychologe, Management-Begleiter und Personalberater Othmar Hill Gedanken über Österreich und vor allem dessen Manager gemacht. Othmar Hill ist ein Experte in Sachen EU-Personalrecruiting. Mit seinem Unternehmen Hill International ist er seit vielen Jahren in Ost- und Zentraleuropa zwischen Prag, Riga und Moskau tätig. Und: Othmar Hill beobachtet den Arbeitsmarkt in Europa sehr kritisch. In seinem im Jahr 2001 erschienenen Buch „Das Ende der Massenmenschhaltung" beschäftigt er sich mit der Zukunft der Arbeitsbedingungen, den Möglichkeiten, die durch die Neuen Medien entstehen, und stellt den Anspruch an eine neue, demokratische Arbeitswelt. So sollte der „Anfang der Massenmenschhaltung", damit meint Hill den Beginn der Befreiung von abhängiger Arbeit, die Menschen glücklich und zufrieden machen. Paradoxerweise steigen aber in den letzten Jahren Stress, Lebenstempo und kollektive Rücksichtslosigkeit immer drastischer an. Die Auflösung bisheriger Strukturen der Arbeitswelt und den sich daraus ergebenden Druck auf jeden Einzelnen analysiert der Wirtschaftspsychologe folgendermaßen: Die Globalisierung, die Demokratisierung der Arbeitswelt und der Werteverfall drohen die Gesellschaften auseinander zu reißen. Hill befürchtet gewaltige Turbulenzen am Arbeitsmarkt. Um mit dieser Form der rasend gewordenen Gesellschaften und den neuen Arbeitswelten zurecht zu kommen, nennt Hill auch seine eigenen Lösungsansätze: also „weiche Techniken“, wie etwa Coaching, Mediation, Mentoring, Monitoring. Es gehöre jedoch auch ein Multi-Profit-System dazu, das neben monetärem Gewinn auch eine Erweiterung des Erfolgsgedankens hervorbringt und daneben die Vision sozialer Souveränität, die danach die Mitarbeiter eines Unternehmens flexibler, aber auch freier machen soll.

Othmar Hill stellt als erfahrener Personalberater Österreich und den österreichischen Managern im Ausland in seinen Vorträgen und Analysen immer wieder ein besonders gutes Zeugnis aus: sowohl vom wirtschaftlichen Standpunkt aus, als auch aus politischer und aus psychologischer Sichtweise. Für ihn haben die Bewohner der Alpenrepublik in den letzten Jahren – oder besser noch Jahrzehnten – nicht nur in Sachen Management und interkultureller Intelligenz ganz schön dazugelernt, sondern vor allem enorm viel geleistet: Die Österreicher und Österreicherinnen sind sozusagen ein couragiertes Völkchen. Sie haben rasch nach der Öffnung der Ost-Grenzen im Jahr 1989 die Chancen in den Nachbarländern erkannt und mutig wahrgenommen, indem sie mittlerweile 2500 Firmen mit einer Selbstverständlichkeit nach Osteuropa getragen haben.

Österreich fühlt sich den Nachbarn in Mittel- und Osteuropa durch seine Geschichte, die wechselseitigen kulturellen Affinitäten, räumliche Nähe, aber auch durch vergleichbare geo- und demographische Gegebenheiten besonders verbunden.

Dazu ein geschichtlicher Leitfaden in Kürze: Bereits im achten Jahrhundert gehörten weite Gebiete des heutigen Österreichs zum bayerischen Stammesherzogtum im fränkischen Reich Karls des Großen. Ab 1278 folgten den Babenbergern die Habsburger, die bis 1526 wiederum ihr Herrschaftsgebiet ausdehnten und ein Erzherzogtum schufen. Bis 1690 waren die habsburgischen Länder von ständigen militärischen Auseinandersetzungen mit dem Osmanischen Reich geprägt. Die Kriege gegen Napoleon und dessen Krönung zum Kaiser führten dazu, dass Kaiser Franz II. für seine Erbländer den Titel Franz I. von Österreich annahm und 1806 unter dem Druck Napoleons schlussendlich auf die Kaiserkrone des Heiligen Römischen Reiches Deutscher Nation verzichten musste. Das Kaisertum Österreich war im Wesentlichen ein Vielvölkerstaat und reichte von Böhmen und Mähren über Ungarn bis tief in den Balkan hinein. 1815 erhielt Österreich den Vorsitz im Deutschen Bund. Es folgten die Märzrevolution von 1848, die dem Kaisertum sein Überleben sicherte, der Krieg des Deutschen Bundes gegen Preußen und der Ausgleich mit Ungarn im Jahre 1867, mit dem die österreichisch-ungarische Doppelmonarchie begründet wurde. Doch die vielen Völker dieses Staatengebildes verlangten immer lauter ihre Unabhängigkeit, bis schließlich das Attentat auf den österreichischen Thronfolger in Sarajewo zum Ausbruch des Ersten Weltkriege führte. Österreich-Ungarn zerbrach, es entstand die Republik Deutschösterreich. Nach 1919 führten die schlechte Wirtschaftslage und politische Auseinandersetzungen Österreich immer tiefer in die Krise, die schließlich in einem Bürgerkrieg endete. 1938 kam es zum Anschluss Österreichs an Hitler-Deutschland und 1939 begann der Zweite Weltkrieg, der 1945 mit dem Untergang des Dritten Reiches endete. Nach dieser Befreiung von der Herrschaft Hitlers und den Nationalsozialisten wurde Österreich von den Siegermächten wiederhergestellt, war aber bis 1955 in vier Besatzungszonen aufgeteilt. Mit der Unterzeichnung des Österreichischen Staatsvertrages am 15. Mai 1955 und dem Bekenntnis zur Neutralität und zur Verpflichtung, keinen neuen Anschluss mehr anzustreben, hat die Republik schlussendlich ihre volle Souveränität wiedererlangt.

Nach diesem skizzenhaften Abriss zur österreichischen Geschichte zurück zur Analyse von Othmar Hill. Für den Wiener Personalberater ist klar: Die Österreicher und Österreicherinnen haben vor allem durch ihre emotionelle Stärke ihre wirtschaftliche Schwäche kompensiert, wohingegen Deutschland zurzeit seine wirtschaftliche Stärke mit emotionaler Schwäche kompensiere. Die Nachbarn in Deutschland sind trotz ihres Weltmacht-Status durch die Wiedervereinigung in wirtschaftlichen, aber auch in politischen Belangen zurückgefallen. Deutschland hat nachgewiesenermaßen ein „emotionelles Problem mit der Ostöffnung". Generell ist dadurch die „Anpassungsfähigkeit dahin". Othmar Hill konstatiert außerdem bei unseren Nachbarn etwas, was er als „Jailhouse-Syndrom" bezeichnet: Deutschland hat wenig Toleranz gegenüber anderen Kulturen und fühlt sich als Nation dann auch noch missverstanden. Das macht gefangen im eigenen Land. Daher sollten die Deutschen dem Ost-Problem mehr Zuwendung schenken. Auch benötigten sie mehr „integrative Programme".

Hill kann Erwin Ringel nicht Recht geben, wenn dieser meinte: „Die Österreicher haben ein mangelndes Selbstbewusstsein und eine autoritäre Fixierung als historisches Erbe." Er entgegnet vielmehr dem Wiener Psychiater: „Dieses Gefühl habe ich überhaupt nicht." Da sei vielmehr die Bequemlichkeit der Österreicher im Spiel. Eine Art Schonhaltung sozusagen.

Man hält sich zurück, um sich nicht zu sehr energetisch zu verbrauchen. Die allgemeine Raserei der Welt ist viel eher ein gelebter Nihilismus. Die Melancholie, die sowohl der Psychiater Sigmund Freud als auch Erwin Ringel bei den Österreichern und Österreicherinnen diagnostiziert haben, ist eindeutig historischer Natur. Das Raunzen und Jammern der Ösis ist ein Abarbeiten von altem historischem Leid. Durch diesen Negativismus entspannt sich das wirtschaftspolitische System wieder. Eine Art „laisser faire“ und „laisser vivre“, wie man es auch in Frankreich wiederfindet. Leben und leben lassen. Die Österreicher lieben einfach die Gemütlichkeit. Freud hat aber rückwirkend betrachtet auch in Österreich nicht gut gepunktet. Denn der typische Österreicher ist durch und durch ein Genussmensch: Er glaubt vor allem an Wein, Musik und die Liebe. Es geht dem Alpenvölkchen nicht um den Schein, sondern viel mehr ums Existenzielle, also vor allem ums Lebensgefühl und nicht so sehr um Lebensgüter. Hill erklärt: „Vieles ist in Österreich genetischer Natur: Etwa der Fatalismus.“ Hat der Österreicher bei Geschäftsverhandlungen mit einer anderen Nationalität Zoff, dann wird er den Deal zum Abschluss bringen, wird verschmitzt lächeln – und sich seinen Teil denken. Frei nach Grillparzers Horneck-Monolog aus dem „König Ottokar“: „ … denkt sich sein Teil und lässt die andern reden.“ Hill übersetzt: „Man lügt sich vielleicht ins Gesicht, aber man bleibt dabei freundlich.“ Außerdem hätten die Österreicher gute soziale Eigenschaften und eine interkulturelle Intelligenz, wie sie wenige andere Nationen haben. Man müsse die anderen Länder verstehen und nicht nur mit Geld überzeugen. Hills These lautet: Die Österreicher tun sich durch ihre Vielvölker-Geschichte in Wahrheit leicht im Umgang mit anderen Nationalitäten. Die eigenen Schwächen in aller Offenheit mit anderen Ländern zu besprechen zu können, tut gut. Das können die Österreicher.

Die Österreicher sind in der Aktion besser als in der Fiktion, meint Othmar Hill: Sie haben keine hochtrabenden

Visionen, sondern das Ziel gleich in die Realität umgesetzt. Österreichs Manager sind kommunikativ gewandt, weil sie sozial geschickt sind. Trotz Sprachdefiziten „verstehen“ sie verschiedene Mentalitäten besser als die sprachlich so gewandten Deutschen oder Schweizer. Sie sind effizientere strategische Planer und managen effektiver als die meisten anderen Führungskräfte in der EU. Die Ösis sind sozusagen „interkultiviert talentiert“. Und Interkultiviertheit wird ein Standortvorteil sondergleichen bei der EU-Integration sein. Sie haben aber auch eine bessere Platzierungs-Strategie. Denn in der Wirtschaft werden künftig mehr Software- denn Hardwareelemente erforderlich sein. Unter Software versteht Hill soziale Eigenschaften, Teamhygiene, menschliche Werte. Unter Hardware versteht er Management-Technik und Know-how. Außerdem gewinne die Interkultiviertheit, nämlich das interkulturelle miteinander Umgehen, zunehmend an Bedeutung.

Die Morbidität dieses Landes entsteht aus einer Art genetischer Prägung, durch die über Jahrhunderte reichende Auseinandersetzung mit Osteuropa. Österreich heißt nun einmal Ost-Reich.

Die Österreicher und Österreicherinnen waren immer wieder mit dem eigenen Untergang konfrontiert und setzen sich damit immer noch auseinander. Doch die Vielvölker-Geschichte kann man auch als Vorteil werten: dadurch können die Ösis leichter mit ihren Nachbarn umgehen als manch anderes EU-Land.

Othmar Hills Visionen einer künftigen Europäischen Arbeitswelt lauten: die Bereiche Forschung, Logistik und Human-Ressourcen werden an Bedeutung gewinnen, die Industrie wird über kurz oder lang ganz nach Asien abwandern. Während virtuelle Unternehmen, die über mehrere Länder verstreut arbeiten werden, entstehen, wird man österreichische Manager verstärkt im Ausland finden, weil sie viel integrationsfähiger sind als Manager anderer Nationen und weil

sie ein „soziales Gespür“ haben. Deutsche Manager hingegen sind viel eher der Meinung, dass sie mit Dominanz den eigenen Status im Unternehmen verbessern können.
Österreich entwickelt sich derzeit zur Logistikdrehscheibe, zum Umweltvorbildland und zum Technologiezentrum. Der Austausch mit den Nachbarländern ist besonders wichtig. Die Vision Othmar Hills: Zwischen Wien, Prag, Budapest und Riga müsste es zunehmenden betrieblichen und universitären Austausch geben. Vom Arbeiter bis hin zum Universitätsprofessor.

Die Österreicher und Österreicherinnen sind zwar vordergründig gemütlich und nett, doch in Wirklichkeit sind sie eine komplizierte Nation, hin und her gebeutelt zwischen eiserner Pflicht, Geschichte und Karriere. Das ist ein ziemlicher Widerspruch: und doch haben es die Bewohner der Alpenrepublik in aller Hinsicht geschafft. Für Erwin Ringel sind die Österreicher hintergründig, neurotisch und morbid – bleiben aber trotzdem oder vielleicht gerade wegen ihrer Schwächen sympathisch. Für Othmar Hill sind sie ein zentraleuropäischer Melting Pot, der durch interkulturelle Intelligenz so manchem EU-Manager den Rang abgelaufen hat. Die Genussmenschen haben sich in den letzten Jahren als fleißig und sprachbegabt entwickelt und können mit ihren Nachbarn – im Unterschied zu vielen anderen Ländern – zusammenarbeiten. So sieht es in der österreichischen Seele wirklich aus.

5. Die Unnationalität der Österreicher

Die Mentalität der Österreicher – sie sind keine Chauvinisten und nicht unbedingt politikverdrossen. Eher einsam, nicht gemeinsam: Das Nicht-Kollektive.

„Wien ist anders" steht auf den großen Werbeplakaten, welche entlang der heimischen Autobahn die Landschaft zieren, wenn man vom Flughafen Wien-Schwechat stadteinwärts fährt. Diesen Slogan hat das Wiener Stadtmarketing vor einigen Jahren gemeinsam mit der Agentur Schennach, Volgger, Walch & Partner entwickelt.

Wer in Wien lebt, weiß, dass sich der Slogan tatsächlich bewahrheitet hat. Die Wiener sind anders. Sie raunzen ein bisserl, sie nörgeln an diesem und jenem herum. Aber sie meinen es im Grunde nicht so. Das Nörgeln gehört ebenso zum typischen Wiener wie die Mehlspeis, der gute Wein, die Musik und – die Gemütlichkeit. Dass sich diese Eigenschaften auch auf das übrige Österreich ausdehnen lassen, ist ein Faktum. Der Slogan auf der Autobahn wäre daher durchaus auch abzuwandeln in: Österreich ist anders. Man könnte natürlich sagen, die Österreicher schleppen täglich ihren kleinen Minderwertigkeitskomplex mit sich herum. Denn: Die Ösis können etwas, aber sie fühlen sich zu wenig beachtet. Der großartige Politiker, Schriftsteller und Journalist Jörg Mauthe formulierte das so: „Wir sollten endlich damit anfangen, den jetzt schon so oft zitierten Minderwertigkeitskomplex auf ein gesundes Maß zu reduzieren. Wir sollten keineswegs damit aufhören, den Zustand mancher Bundesbahnstationen als typisch österreichisch zu bezeichnen, sollten aber auch das Faktum, dass wir bisher keine Streiks gehabt haben, als etwas typisch Österreichisches empfinden; wir können ruhig die Lipizzaner, sollten aber auch die Puch-Haflinger, wir können ruhig die miserable Wiener Straßenbahn, sollten aber auch die hervorragend funktionierende AUA als typisch österreichisch bezeichnen. Wir sollten unseren nationalen Minderwertigkeitskomplex reduzieren – nicht ihn ganz verlieren, denn ein gewisses Maß an Selbstzweifeln ist gesund und leistungsfördernd. Wir könnten außerdem daran gehen, uns ein ebenso großes Maß an Selbstbewusstsein anzuschaffen, Gründe dafür haben wir genug; denn auch ein gewisses Maß an Selbstbewusstsein braucht man zur Gesundheit und Leistungsfreude. Ich fürchte, vorderhand jedenfalls, nicht, dass ein solches Selbstbewusstsein zur Selbstüberheblichkeit ausarten könnte – überheblicher als die Franzosen, die Deutschen und sogar die Schweizer werden wir sobald nicht werden, dazu sitzt unser Austromasochismus viel zu tief." Dass die Österreicher etwas mehr mit ihrem kleinen Minderheitskomplex beschäftigt sind und sich um die „großen Dinge" – wie etwa Politik – nicht so sehr kümmern, ist eine andere Sache. Das Thema Politik nimmt in dem kleinen Land im Herzen Europas offensichtlich eine gar nicht so wichtige Stellung ein. Das war vor zwanzig Jahren so und ist es auch noch heute.

Wie es mit den Ösis und deren politischer Einstellung wirklich aussieht, ist nämlich ein Kapitel für sich. So hat vor rund sechs Jahren, zu einer Zeit also, wo in Österreich erstmals eine schwarz-blaue Bundesregierung angelobt wurde, ein bekannter Grazer Soziologe an der Yale University einen Vortrag gehalten und folgendes festgestellt: Im Lichte der Turbulenzen um die Regierungsbildung wurde vor allem im Ausland die Frage gestellt, ob denn die Österreicher politisch weiter rechts stehen als die Bewohner anderer Länder. Darauf antwortete der Grazer Soziologe Max Haller mit „Ja" und mit „Nein". Zwar stimme es, dass in Österreich der Nationalstolz, angereichert mit chauvinistischen Elementen, deutlicher ausgeprägt sei als in anderen Ländern, doch, so erklärte Haller, sei gleichzeitig eine internationalistische und einwandererfreundliche Einstellung festzustellen. Max Haller hatte bereits im Jahr 1995 an einem Projekt namens „International Social Survey“ mitgearbeitet, bei dem weltweit in zwei Dutzend Ländern eine Erhebung zum Thema „Nationale Identität, Nationalstolz und Chauvinismus“ durchgeführt wurde. Die Auswertungen zeigten, dass die Österreicher auf den ersten Blick „tatsächlich in einem solchen Maße von sich eingenommen waren, dass man nicht anders denn von einem erheblichen Ausmaß von Chauvinismus sprechen muss“. So fanden Aussagen wie „Ich möchte lieber Bürger Österreichs als irgendeines anderen Landes auf der Welt sein“ und „Die Welt wäre besser, wenn die Menschen in anderen Ländern eher so wären wie die Österreicher“ bei den Bewohnern der Alpenrepublik einen besonders großen Zuspruch. Hingegen war bei der Studie von Selbstkritik nur wenig zu bemerken, wie die niedrige Zustimmung zur Aussage zeigt, es gebe einige Dinge in Österreich, deretwegen man sich schämen müsse. Dass zwar fast 30 Prozent die FPÖ gewählt hatten, viel weniger aber Haider als Kanzler wollten, war für den Grazer Soziologen eindeutig ein Hinweis auf mangelndes demokratisches Bewusstsein, das die Folgen des politischen Handelns nicht einbezog. Nationalstolz und nationaler Chauvinismus bedeuten aber nicht zwangsläufig, dass man sich gegenüber der Welt abschließe, sagt Max Haller. So befürworte die österreichische Bevölkerung, dass internationale Institutionen das Recht haben sollten, bei länderübergreifenden Problemen einzugreifen, dass Österreichs Schulen den Fremdsprachenunterricht verbessern sollten, und sie bejahe, dass Zuwanderer gut für die Wirtschaft seien. Die Einstellungen zu Einwanderern waren in anderen Ländern, wie etwa bei den Nachbarn in Osteuropa, deutlich negativer. Auch bezüglich der Erhaltung von Sitten und Bräuchen von Minderheiten zeigten sich die Österreicher aufgeschlossener als etwa die Franzosen, die Briten oder die Amerikaner. Als weniger positiv bewertete Haller die ausgeprägte „Jetzt-erst-recht-Haltung“ der Österreicher. Denn eine große Mehrheit hing der

Meinung an, das Land solle seine Interessen verfolgen, auch wenn das zu Konflikten mit anderen Staaten führte.
Das war, wie bereits erwähnt, im Jahr 2000. Doch die Analyse von Max Haller ist natürlich auch heute noch gültig.
Dass jedoch die Bewohner der Alpenrepublik zum Thema Politik ein ganz und gar gespaltenes, mehr noch, ein überhaupt nicht chauvinistisches Verhältnis hegen, beweisen die folgenden Umfragen, die auf heitere Weise den typischen politikverdrossenen Österreicher schildern sollen.
So gaben vor nicht mehr als sechs Jahren die Österreicher und Österreicherinnen in einer Umfrage des Linzer Market-Instituts zum Image der Politik in der Alpenrepublik an, dass Politik in ihren Augen etwas für „Masochisten" sei. Gleich zwei Drittel der Befragten verbanden bei der Umfrage Politik mit „viel unnötigem Streit". Jeder zweite Österreicher meinte, die Politik sei „ein hartes Geschäft, etwas für rücksichtslose Leute". Immerhin meinten dann aber auch 58 Prozent der Befragten, in der Politik „entscheide sich die Zukunft". Am wenigsten glaubten die Befragten Österreicherinnen und Österreicher, dass in der Politik Leistung belohnt werde und dass sie etwas „für Menschen mit Visionen" oder „spannend" sei. Im Vergleich dazu war das Bild der Wirtschaft deutlich positiver: „Viel Arbeit, aber auch die Chance, viel Geld zu verdienen".

Im Juni 1997 wagte sich die Linzer Kepleruniversität in einer Studie an das Thema „idealer Politiker". Auch hier waren die Aussagen der Österreicher im Vergleich zu jenen der Bewohner von Deutschland und der Schweiz durchaus würziger: So ist der „ideale Politiker" – aus Sicht der österreichischen Bevölkerung – ein ehrlicher, gut bezahlter „Profi", der allerdings nicht länger als zwei Funktionsperioden in seinem Amt bleibt. Resumée der Studie: Politikverdrossenheit wird heute sowohl von der Bevölkerung, als auch von den aktiven Politikern wahrgenommen. Aus Sicht der österreichischen

Bevölkerung sind dafür vor allem zu viele – dann nicht eingehaltene – Versprechen der Politiker sowie die Tatsache, dass zu viele Berufspolitiker prägend wirken wollen, und persönliche Machtinteressen verantwortlich. Auch der parteipolitische Quereinsteiger findet laut Studie lediglich für kurze Zeit bei der Bevölkerung Anklang. Denn er kann nur „kurzfristig das Image der Politik verbessern". Schließlich gilt in der öffentlichen Wahrnehmung Politik als Beruf, der nicht ehrenamtlich, dafür aber professionell, ehrlich und zeitlich begrenzt ausgeübt werden soll. Das Amt des professionellen Berufspolitikers auf Zeit impliziert logischerweise gute Bezahlung, da ansonst immer weniger kompetente Persönlichkeiten Anreize hätten, sich aktiv politisch zu engagieren.

Dass sich unter Österreichern und Österreicherinnen Politikverdrossenheit immer breiter macht, hat vor zwei Jahren auch eine andere Studie aufgezeigt. Lediglich zehn Prozent der Bevölkerung hatten nach eigener Auskunft ein „sehr starkes Interesse" am aktuellen innenpolitischen Geschehen. Das erhob das Linzer IMAS Meinungsforschungsinstitut. Weitere 28 Prozent der Ösis bezeichneten ihr Interesse als „ziemlich stark". Dem stand eine 62-prozentige Mehrheit von Österreichern gegenüber, die ein bestenfalls geringes Interesse an der Politik bekundeten. Darunter befinden sich 22 Prozent, die sich mit den aktuellen Problemen gar nicht auseinander setzen wollen. Sieht man sich die mentale Beschäftigung der Österreicher mit der Innenpolitik des Landes an, so entdeckt man, dass etwa Führungskräfte, Maturanten und Akademiker, die Generation 50-Plus sowie die Wiener im Allgemeinen eine viel wachere politische Neugier an den Tag legen. Fazit: Je höher jemand im sozialen Gefüge angesiedelt ist, je gebildeter und älter, umso größer ist die Wahrscheinlichkeit einer gedanklichen Nähe zur Politik. Vor allem Sympathisanten der Grünen und der Freiheitlichen wenden sich in überdurchschnittlicher Zahl der politischen Diskussion zu.

Die Aufmerksamkeit der Österreicher und Österreicherinnen für politische Vorgänge bleibt aber keineswegs konstant: Das mit Abstand stärkste Interesse registrierten die Linzer Meinungsforscher im Jahr 2000, als es zum Wechsel von der rot-schwarzen zur schwarz-blauen Koalition kam, die schließlich zu den EU-Sanktionen führte. Zwischen Januar und Februar 2000 beschäftigten sich gleich 56 Prozent der Österreicher sehr stark mit dem innenpolitischen Geschehen. Zwei Monate später, im April, begann das politische Interesse jedoch abzuklingen und sank bis zum Jahresende auf 35 Prozent.

Dass Österreich Mitte der achtziger Jahre mit mehr oder minder kleinen Skandälchen zu kämpfen hatte, schadete dem Image der Politik ebenfalls. Im Sommer 1985 widmete das Nachrichtenmagazin „profil" dem Thema unter dem Titel „Skandalland Österreich" sogar eine Titelstory. Voller Ironie, versteht sich. Und nicht ohne die Skandale der Alpenrepublik mit jenen der deutschen Nachbarn zu vergleichen. Hier ein Auszug: „Wir sind wieder wer. Vorbei die langen Jahre, in denen Österreich dem Ausland nur stets als freundlich-harmlose Alpenrepublik gegolten hatte, bewohnt von wohlwollenden Gartenzwergen, deren Schlawinertum sich im allerschlimmsten Fall auf überhöhte Gasthauspreise und allzu kleine Wienerschnitzel beschränkt hatte. Vorbei die Zeiten, in denen sich Zeitungen fremder Länder darauf beschränkt hatten ein oder zweimal im Jahr über die seltsamen Riten der lokalen Eingeborenen zu berichten: über die Festspiele, die Vienna State Opera oder, ab und an, die seltsamen Streiche des Bruno Kreisky, Chancellor. Wir sind, so ungefähr seit einem knappen Jahr, wieder wer: das Land mit der unendlichen Skandalgeschichte, die Republik, in der die Schuldigen niemals untergehen, der Staat gewordene Filz" … und weiter … „Wanderbares Österreich: Von der Spitze des Eisbergs, dem weltberühmten Weinskandal, bietet Österreich '85 dem Fremden aufregende Wanderwege durch heimische Sümpfe und Abgründe, faszinierende Blicke auf das Moor der Reder-Heimat, Weitwanderwege durch die sauren Sümpfe des Hannes Androsch, Weingärten, unter denen Staatsanwälte Bestechungsmillionen vergraben, und romantischen Seemannsgarn, den Herr Udo im Demel's House zum Besten gibt. Festland Österreich: ein Land, in dem fest geschmiert, bestochen, genommen, vertuscht und verharmlost wird?" Soviel zum Thema Skandalland Österreich und Nachrichtenmagazine.

Knapp vier Jahre später ging in einer Umfrage der sozialwissenschaftlichen Studiengesellschaft hervor, dass etwa der Lucona-Ausschuss[1] eindeutig dem Ansehen der Politiker geschadet habe. Auch von einem Noricum-Untersuchungsausschuss[2] befürchteten 44 Prozent der Österreicher Auswirkungen auf das Ansehen ihrer Heimat im Ausland. Die Einstellung gegenüber den regierenden Politikern hatte sich durch die Ergebnisse des Ausschusses damals für acht Prozent der Bevölkerung verbessert, für 38 Prozent hingegen verschlechtert. Gelitten hat damals auch das Ansehen der Oppositionspolitiker, meinten gleich 31 Prozent der Österreicher. Ähnlich verhielt es sich mit Polizei und Gendarmerie, wo 24 Prozent der Österreicher der Meinung waren, dass sich deren Ansehen verschlechtert habe. Die Sozialwissenschaftliche Studiengesellschaft wollte von den Österreicherinnen und Österreichern außerdem wissen, was sie von der – damaligen – Bundesregierung hielten. Das harte Urteil der Alpenbevölkerung lautete: Die Regierung führe nicht, sie ließe sich treiben. Für 51 Prozent der Befragten war die Regierung uneinig. 43 Prozent der Österreicher waren außerdem der Meinung, dass die Bundesregierung herumrede und nicht handle.

Getoppt wurde diese Studie fünf Jahre später, also 1995, von einer IMAS-Umfrage, wo Herr und Frau Österreicher sich innerlich auf ein länger anhaltendes „politisches Tiefdruckklima" einstellten und bekundeten, sie würden dem kommenden Jahr skeptisch entgegenblickten. 56 Prozent der Österreicher waren damals der Meinung, dass die politischen Wetteraussichten „stürmisch bis miserabel" seien, jeder sechste schätzte sie als „etwas trüb" ein. Knapp jeder vierte Österreicher erwartete für 1996 ein „ziemlich regnerisches politisches Klima". Die düstere Stimmung zog sich ziemlich unterschiedslos quer durch alle Bevölkerungsgruppen. Eine Spur weniger pessimistisch als im Durchschnitt war die Einschätzung der Situation in den Landeshauptstädten und in Wien. Für die Landbewohner sowie für Klein- und Mittelstädter hingegen stellte sich die politische und wirtschaftliche Wetterlage besonders besorgniserregend dar. Am skeptischsten zeigten sich die Anhänger der Freiheitlichen Partei: Für 61 Prozent unter ihnen war die politische und wirtschaftliche Lage „stürmisch und miserabel". Bei den ÖVP-Anhängern waren es 49 Prozent, die die Lage als stürmisch einschätzten. Unter den SPÖ-Wählern schätzten die Situation nur noch 45 Prozent als miserabel ein.

Die Österreicher zeigten sich im Übrigen ein Jahr später, 1996, bei einer „Trend- und Zeitgeiststudie" des Meinungsforschungsinstituts Dr. Brunmayr aus Gmunden in Oberösterreich weiterhin pessimistisch gegenüber der heimischen Politik. Mehr als 90 Prozent der Alpenbewohner konstatierten, dass es in der Politik im Lande an Ideen und an Zukunftskompetenz fehle. Jeder zweite Österreicher zeigte sich sogar „sehr besorgt" über die „No-future-Politik", die in Österreich gemacht wurde. Es war die Jugend, die dieses Mal auf die Situation in verstärktem Maß reagierte. Zentrales Ergebnis der Studie: Die Politik hat fast zur Gänze ihre Zukunftskompetenz eingebüßt. Eine der größten Gefährdungen, die die Österreicher, und hier vor allem die Jungen, für die Zukunft Europas sahen, war die Ideenlosigkeit der Politik. 45 Prozent der Österreicher hielten die Ideenlosigkeit der Politik für eine große Gefahr, weitere 48 Prozent für eine mittelgroße. Auch wurden mangelnde Management- und Entscheidungsqualität der Politik kritisiert. Dass wichtige Entscheidungen auf die lange Bank geschoben werden, war für 80 Prozent der Österreicher ein sehr typisches Problem der Politik. Einen Hauptgrund für das Entscheidungsdefizit sahen die Österreicher und Österreicherinnen in der „Verquickung der Politik und der Institutionen der Interessenvertretungen". Konkret erläuterten die Meinungsforscher: Zuviel Verbundenheit mit Kammern und zuviel Lobbying und Interessenausgleich verhindern nach Meinung der Menschen zukunftsweisende Gestaltungsprozesse.

Die Jugendlichen in Österreich interessieren sich wesentlich mehr für Kommunalpolitik als für die in der Medienwelt erlebte große Politik – das ist das Ergebnis einer Studie, die vom Linzer Institut Retzl in Zusammenarbeit mit der Pädagogischen Akademie des Bundes in Oberösterreich im vergangenen Jahr erstellt wurde. Die Sozialforscher konnten einen klaren Zusammenhang zwischen Information über und Interesse an Politik feststellen. Allerdings: Es bestand ein klares Informationsdefizit. Viele Jugendliche äußerten laut Umfrage durchaus den Wunsch, mehr über die sie direkt betreffenden Vorgänge auf lokaler Ebene und das „System Gemeinde" an sich zu erfahren. Rund 40 Prozent der österreichischen Jugendlichen interessieren sich für Lokalpolitik, deutlich weniger – lediglich 30 Prozent – für die Politik im Allgemeinen. Der wesentlichste Faktor, ob ein Jugendlicher an kommunalen Vorgängen interessiert ist oder nicht, ist sein Informationsstand: Unter jenen, die angaben, über die Aufgaben des Gemeinderates Bescheid zu wissen, interessieren sich mehr als 70 Prozent für das politische Geschehen in ihrer Heimatgemeinde, unter den „politisch Unwissenden" sind es nur knapp 30 Prozent. Um den Wissensstand der

Jugend zum Thema Politik ist es allerdings schlecht bestellt: Nur jeder Vierte Jugendliche gab an, in der Schule etwas über die politischen Abläufe in der Gemeinde gehört zu haben. Mehr als die Hälfte der Befragten möchte aber künftig mehr über diese Vorgänge erfahren. Eine Forderung, der sich die Autoren der Studie anschließen: Das Thema Kommunalpolitik müsse in den Lehrplänen, aber auch bereits in der Lehrerausbildung stärker berücksichtigt werden, lautet jetzt ihr Vorschlag.

Während die Österreicher zwar nicht politikverdrossen sind, aber doch wirtschaftspolitische Optimisten bleiben, mehren sich bei den Nachbarn in Deutschland die Sorgen über die Zukunft. Das hat zuletzt eine Studie der Volkssolidarität ergeben. Vor allem ältere Menschen in den östlichen Ländern der Bundesrepublik blicken immer sorgenvoller in die Zukunft. Seit dem Jahr 2000 hat die soziale Verunsicherung der über 50-jährigen Ostdeutschen deutlich zugenommen. Vor allem in Sachen sozialer Sicherheit, sozialer Gerechtigkeit und Einkommensentwicklung erwarten rund zwei Drittel Verschlechterungen. 43 Prozent der Befragten zwischen 50 und 60 Jahren äußerten Zukunftsängste. Auch ihre wirtschaftliche Situation und die Chancen auf dem Arbeitsmarkt sehen viele ältere Ostdeutsche eher düster. Rund ein Drittel der 50- bis 60-Jährigen schätzt die eigene wirtschaftliche Lage als schlecht ein. Zudem sehen rund 70 Prozent der Erwerbstätigen in dieser Altersgruppe im Falle von Arbeitslosigkeit für sich kaum noch Perspektiven auf dem Arbeitsmarkt. Jeder zweite fürchtet sogar, seinen Arbeitsplatz demnächst zu verlieren. Auch das Vertrauen in ein den Lebensstandard sicherndes Alterseinkommen schwindet zunehmend bei der älteren Generation. Nur knapp ein Drittel der Befragten war in dieser Hinsicht mehr oder weniger optimistisch. Jeder zweite der 50-Plus-Generation Deutschlands glaubt schon gar nicht mehr daran. Der Studie der Volkssolidarität zufolge leben heute bereits neun Prozent der über 60-Jährigen und 18 Prozent der 50-Jährigen im Osten unterhalb der Armutsgrenze. Die älteren Menschen der neuen Bundesländer würden die Vereinigung dennoch mit übergroßer Mehrheit als Gewinn für sich sehen. Die Reformpolitik der rot-grünen Bundesregierung habe aber in einem bisher nicht bekannten Maße soziale Verunsicherung hervorgebracht.

Doch zurück nach Österreich. Egal, ob die Politik stimmt, oder nicht, jeder dritte Bewohner der Alpenrepublik liebt es harmonisch, nur zehn Prozent wollen sich selbst verwirklichen. Dafür schätzt jeder Vierte die Unterhaltung und für 20 Prozent spielt das Niveau eine große Rolle. Das besagt eine aktuelle Studie des Motivforschungsinstituts Karmasin.
Das IFES Institut für Sozialforschung in Wien ermittelte in Zusammenarbeit mit dem Grazer Soziologen Max Haller, dass für die Österreicher und Österreicherinnen in den vergangenen 17 Jahren soziale Bindungen wichtiger geworden sind. Gleichzeitig hat die Obrigkeitsgläubigkeit ab- und die Kritikfähigkeit zugenommen. Haller erwartet eine Phase tief greifender sozialstruktureller und politischer Wandlungsprozesse. Einen starken Wandel soll es demnach künftig im Bereich Politik und öffentliches Leben geben. Max Haller rechnet da mit einer abnehmenden Bereitschaft der Österreicher, in großen formellen Organisationen wie Parteien oder Gewerkschaften mitzuarbeiten, aber auch mit der Abnahme autoritärer politischer Orientierung. Auch wenn immer noch 66 Prozent der Befragten der Meinung sind, es sei besser, ein paar mutige Personen zu haben als Streitereien im Parlament. Im Jahr 1973 waren es übrigens sogar noch 73 Prozent, die dem zustimmten. Im Jahr 2003 fanden es 29 Prozent der Befragten besser, „wenn einer befiehlt und die anderen gehorchen“. 1986 waren es noch 50 Prozent gewesen. Für den deutschen Philosophen Peter Sloterdijk bedeutet Politikverdrossenheit „auch, dass die Leute in einer skeptischen

Nörgelei ihre Zufriedenheit ausdrücken", das sagte er zumindest im Rahmen einer politischen Diskussion in Wien. Sloterdijk hat mit seiner Analyse genau ins Schwarze getroffen: Denn die Österreicher und Österreicherinnen sind im Grunde ihres Herzens genau diese nörgelnden Skeptiker. Sie können sich tagelang – nein, sogar wochenlang über die hohen Öl- und Spritpreise ärgern, über die Unpünktlichkeit Anderer, die unfreundliche Bedienung in einem Lokal, über überfüllte Müllcontainer, das Vordrängeln am Schalter oder an der Supermarktkasse, die Rechtschreibreform, den Straßenverkehrslärm, Baustellen auf Autobahnen und das schlechte Fernsehprogramm. Nur über Politik wird niemals so lange und ausführlich diskutiert wie über die oben genannten Lappalien. Das ist vor allem das Resultat der politischen Apathie der Österreicher.

Der britische Politologe Alan Marsh hat in den Siebzigern einen zentralen Wesenszug der Österreicher und ihres Politikverständnisses herausgearbeitet und beschreibt ihn folgendermaßen: „Der österreichische Fall ist besonders interessant, weil sie (die Österreicher) sowohl den niedrigsten Grad an (vermuteter) Responsivität des politischen Systems wie das höchste Ausmaß an politischem Vertrauen aufweisen. Es handelt sich um eine seltsame Position. Sie haben das Gefühl, dass Beamte und Politiker sie ignorieren, dass man ihnen aber vertrauen kann, das Richtige zu tun und sich um das Gemeinwohl zu bemühen." Natürlich hat Marshs Analyse immer noch Gültigkeit. Der Politikforscher Peter A. Ulram kommentiert diese in seinem Buch „Kleine Nation mit Eigenschaften" vollkommen richtig: Es gebe noch verbreitet in Österreich Reste von Untertanenmentalität, Politik sei ein schmutziges Geschäft, aber die Politiker machen ihre Sache im Großen und Ganzen recht gut und schauen auf die „Kleinen". Unzufriedenheit hat sich in den 80er Jahren in der Alpenrepublik viel eher als diffuses „Unbehagen im Parteienstaat" geäußert, vor allem in der oberen Bildungsschicht und bei den sich formierenden Grünen. Ende der neunziger Jahre hat sich dieses Bild, laut dem Wiener Politikwissenschaftler, deutlich gewandelt. Immer mehr Österreicher würden sich für „informiert und kompetent genug halten, in der Politik mitzureden, sich aber andererseits vom politischen Entscheidungsprozess ausgeschlossen fühlen." Ulram weiter: „Die Unzufriedenheit mit der Demokratie und der Eindruck zunehmenden Versagens der etablierten Politik nimmt in der Alpenrepublik deutlich zu. Parteienverdrossenheit und verbale Aggressionen gegen ‚die da oben' wird zum fixen Bestandteil der öffentlichen – nicht zuletzt auch der veröffentlichten – Meinung." Peter Ulram meint, dass Ärger und Zorn über verschiedenste Erscheinungsformen der Politik zwar in Österreich „manchmal hochschwappen" würden, was aber die stabile demokratische Grundorientierung der Österreicher nicht beeinträchtige, ebenso würde die Hinnahme verbaler politischer Entgleisungen nichts an der Ablehnung wirklicher demokratiepolitischer Fouls ändern.

So erregten etwa im Dezember letzten Jahres zwei Plakat-Sujets der Kunstaktion „euroPART" die Gemüter, die anlässlich der EU-Ratspräsidentschaft in ganz Österreich auf beleuchteten Werbeflächen, so genannten Rolling Boards, zu sehen sein sollten und es zum Teil auch schon waren: Das Werk von Tanja Ostojic zeigte den nur mit einem blauen Slip mit EU-Sternen bekleideten Unterleib einer Frau, jenes von Carlos Aires drei nackte Menschen mit den Masken von George W. Bush, Queen Elizabeth II. und Frankreichs Präsidenten Jacques Chirac in eindeutigen sexuellen Stellungen. Die von der Projektgruppe „25 Peaces" veranstaltete Kampagne mit Werken junger europäischer Künstler wurde im Übrigen vom Bundeskanzleramt vertraglich mit 500.000 Euro gefördert. Der Skandal schwappte natürlich über die Grenzen hinaus und beschäftigte nicht nur Europas Medien.

Während jeder andere Politiker die Sujets, noch bevor sie in der Öffentlichkeit gezeigt werden, verhindert hätte, zeigte sich der österreichische Bundeskanzler Wolfgang Schüssel betont zugeknöpft und ließ lediglich via Pressesprecherin verlautbaren, er „missbillige die Sujets, da die Würde von Menschen verletzt werde". Auch das ist eine typische Reaktion – made in Austria. Doch wie hätte wohl Österreichs Staatsoberhaupt reagiert, wäre sein Konterfei auf dem Plakat zu sehen gewesen? Die beiden Künstler zogen übrigens nach der Skandalisierung ihre Arbeiten freiwillig zurück.
Aber auch derartige Skandale überlebt Österreich – anscheinend – „gefahrlos". Wichtig ist, dass die Österreicher es immer wieder schaffen, sich mittlerweile über ihren – ganz zu Beginn dieses Kapitels erwähnten – Minderwertigkeitskomplex hinweg zu hieven. Wenn einmal etwas Peinliches passiert, dann macht man einfach weiter. Auch wenn es sich um einen politischen Skandal handelt. Das Leben muss einfach weitergehen. Halt nicht immer mit politischen Konsequenzen. Aber wen kratzt das eigentlich? Der Slogan auf Plakaten entlang der alpenländischen Autobahnen sollte daher wirklich lauten: Österreich ist anders.

6. Die brillanten Netzwerke der Österreicher

Offizielle politische und wirtschaftliche Netzwerke in der Alpenrepublik – versus Deutschland. Von den inoffiziellen, geheimen Netzwerken bis hin zum Wiener Opernball. Über politische Freundschaften bis hin zum sozialen Frieden.

Im alten Kern der Wiener Innenstadt gibt es eine Vielzahl an schmalen, dunklen Gassen. Vor knapp 30 Jahren hat sich in einer dieser Gassen eine hollywoodreife Szene abgespielt. Als der Wiener Pressefotograf Axel Zeininger für das deutsche Magazin „Stern" eine Gruppe von Herren fotografieren wollte, die aus dem Tor des Hauses Dorotheergasse 12 in die Nachtluft schwirrte, musste der gute Mann erfahren, wie es ist, wenn sich aufgestaute Toleranz Luft macht: Der rasende Reporter wurde gestellt und von den Männern brüderlich „abgerieben", das heißt, er bezog eine kräftige Tracht Prügel. Die honorigen Männer von gutem Ruf zertrümmerten ihm noch dazu seinen teuren Fotoapparat. Den vier fotoscheuen Männern, ihres Zeichens Brüder der Freimaurerloge „Zur wahren Eintracht", wurde übrigens niemals der Prozess gemacht, da es ihnen laut damals geltender Rechtslage zustand, ihr Bild ganz einfach zu verweigern.

Die Freimaurer zählen in Österreich noch heute zu den renommiertesten und schillernden Netzwerkern. Während Österreichs Maurer immer noch heftig an der Geheimhaltung hängen, ist sie in Deutschland praktisch aufgehoben. In den Medien unserer Nachbarn wird immer wieder über die Freimaurerei berichtet, beim deutschen Großmeister lassen sich Mitgliedernamen jederzeit erfragen, und sogar im Internet findet man aktuelle Mitgliederlisten deutscher Logen. Der Anspruch, Einfluss im Staate zu haben, wird in der Bundesrepublik – im Gegensatz zu Österreich – ebenfalls offen ausgesprochen. „Wir können", warnte ein Logenbruder in einem Interview mit der deutschen Freimaurerzeitung bereits im Jahr 1960, „auf die führenden Köpfe des Landes nicht verzichten. Wir brauchen Abgeordnete und Minister, Diplomaten und Bürgermeister, Generaldirektoren, Zeitungskönige und Rundfunkintendanten, Schriftsteller und Journalisten."

In Österreich wurden derartige Wünsche niemals offen ausgesprochen, denn die österreichischen Freimaurer erreichten auch so ihr Ziel. Es gab und gibt auch heute noch – unter den Brüdern – Minister, Staatssekretäre, Landeshauptleute, Nationalräte, Schauspieler, Journalisten, Unternehmer, Generaldirektoren, Bürgermeister – ja sogar einen Bundeskanzler. Die Namensliste der österreichischen Freimaurer ist schillernd – und stadtbekannt: von Altbürgermeister Helmut Zilk, über Burgschauspieler Fritz Muliar, ORF-Kommentator Hugo Portisch, den Regisseur und ehemaligen Theaterdirektor Gerhard Klingenberg, „Menschen für Menschen"-Initiator Karlheinz Böhm, bis hin zum ehemaligen Bundeskanzler Fred Sinowatz. Spirituell veranlagt waren die Österreicher schon immer ein bisschen. Dass Freimaurer hierzulande Politik, ja sogar Personalpolitik machten, empörte seinerzeit selbst Bundeskanzler Bruno Kreisky. „Es geht nicht, dass die Personalpolitik im Österreichischen Rundfunk von einer Geheimorganisation gemacht wird", schimpfte er in kleinem Kreise knapp nach einer Rundfunkreform. Den Vorwurf der Postenschacherei wollten die Ressortleiter der österreichischen Rundfunkanstalt dann aber doch nicht gelten lassen. Die Dinge funktionieren anders, bekräftigen die Freimaurer auch immer wieder, wenn man sie damit konfrontiert. Jene, die „schon etwas sind", werben in ihrem Berufsmilieu Kollegen und Freunde, die auch schon etwas sind, an, um so das Ansehen des Bundes – und damit das eigene – zu mehren. Man macht außerdem nur selten Karriere, weil man den Freimaurern angehört. Dass man ihnen angehört, ist jedoch oft ein Zeichen, dass man Karriere gemacht hat. Der Eindruck, dass Freimaurer in wichtigen Positionen überrepräsentiert sind, ist so zwar über jeden Zweifel erhaben, aber der Versuch, im Einzelfall nachzuweisen, welchen Vorteil die Mitgliedschaft zum „Bund" gehabt hat, erweist sich dann irgendwie als mühsam. Es gibt zwar Menschen, die von sich aus alles daransetzen, Mitglied der Bruderschaft zu werden, doch diese Fälle sind selten. Im allgemeinen geht die Suche von der Loge aus: Ein Mitglied äußert die Idee, diesen oder jenen interessanten Mann zu gewinnen, vergewissert sich durch diplomatisches Herumhören, dass sein Vorschlag Chancen hat und kontaktiert dann den Kandidaten – fast immer einen Freund.

Die Freimaurer – weltweit gibt es derzeit etwa sechs Millionen Mitglieder – sind heute zunächst ein Sammelbecken für Juristen, Künstler, Wirtschaftstreibende und Ärzte, die in den seltensten Fällen jünger als 35 Jahre sind und die einflussreiche Leute kennen lernen und in diskretem Umfeld treffen wollen. Sie sind aber auch eine Anlaufstelle für Vereinsmeier, die sich über das Erlangen einer zeremoniellen Ehrenfunktion freuen, wie für Esoteriker, die glauben, über Rituale zur Erleuchtung zu kommen, für Weltverbesserer, die karitativ tätig sein wollen, und für Traditionalisten, die sich gern mit honorigen Menschen und Titeln schmücken möchten. Mancher Maurer in anderen Ländern bringt wenig Verständnis für die österreichischen Brüder auf, denn die Logen seien hierzulande vor allem überaltert und hätten kaum Nachwuchs.

Egal, ob Karriere, Wirtschaft, karitative Zwecke oder gesellschaftliches Treiben im Mittelpunkt stehen, Netzwerke und Clubs werden von vielen als Steigbügel für den Erfolg gesehen, der das berufliche Weiterkommen ermöglicht. Wer ein Netzwerk sucht, hat die Qual der Wahl. Denn in Österreich gibt es viele Möglichkeiten. Geht es um informelle Netzwerke, kann man Österreich ohne Umschweife als Supermacht bezeichnen. Nicht nur, dass an der Schnittstelle von Politik, Wirtschaft und Gesellschaft in diesem kleinen Land ohnehin jeder jeden kennt. Die Österreicher sind – wie die Deutschen übrigens auch – Vereinsmeier. Je nach ihrer gesellschaftlichen Stellung und ihren persönlichen Vorlieben sind sie Mitglieder in den exklusiven Clubs der Mächtigen, in einer Loge der Freimaurer, beim studentischen Cartellverband, bei einem Club für Käsegenießer oder im Fußballverband. Die Liste wäre beliebig fortzusetzen. Und natürlich ist es dabei für die Absicherung des persönlichen Einflusses, für das Abschließen von Geschäften und für die Entwicklung der eigenen Karriere nicht ganz gleichgültig, wo man Mitglied ist. Nicht nur Otto Normalverbraucher schätzt renommierte Netzwerke, auch Politiker tun es. Für die österreichischen Politiker ist es besonders wichtig, bei einem elitären Zirkel dabei zu sein. Etwa bei den Bilderbergern. Seit vielen Jahren kursieren um dieses Thema die abenteuerlichsten Legenden. Auch hier darf das kleine Österreich nicht fehlen: So war der österreichische Ex-Staatssekretär Peter Jankowitsch einst deren Hauptverbindungsmann und werkte in jenem Gremium, das die jährliche Bilderberger-Einladungsliste zusammenstellt. Georg Zimmer-Lehmann, früherer Direktor der Creditanstalt, nahm diese Aufgabe vor Jankowitsch wahr. Auch Ex-Bundeskanzler Franz Vranitzky und der Präsident des Österreichischen Gewerkschaftsbundes, Fritz Verzetnitsch, waren ab und an dabei.

Journalisten schreiben immer wieder, dass die Bilderberger eine geheimnisumwitterte Gruppe einflussreicher Politiker und Wirtschaftsmagnaten sei, die hinter den Kulissen der Weltpolitik operieren soll. Nahezu unbeachtet von der Öffentlichkeit würden sie die Geschicke der Menschheit lenken. Gänzlich unkontrolliert von den nationalen Parlamenten oder gar von ihren Wählern, noch analysiert von den Medien. Tatsache ist aber, dass die Bilderberger nach dem Zweiten Weltkrieg auf wichtige Entwicklungen der Weltgeschichte tatsächlich Einfluss genommen haben. Hier eine Geschichte dazu: Im Jahr 1993 trafen bei einem Diskussionsabend der Potsdamer Fördergemeinschaft zur Gründung einer Friedensuniversität in Berlin im Haus der Weltkulturen drei Politpensionäre besonderer Art zusammen: der ehemalige amerikanische Außenminister Henry Kissinger, der frühere sowjetische Botschafter in der DDR, Valentin Falin, sowie Egon Bahr, in den sechziger und siebziger Jahren persönlicher Berater und Chefunterhändler des damaligen deutschen Bundeskanzlers Willy Brandt. Das Thema der abendlichen Diskussionsrunde waren die Erinnerungen der drei Herren an die Zeit der deutschen Ostpolitik sowie an die Verhandlungen zum Abkommen über den Status Berlins. Als Moderator fungierte der Journalist Giovanni di Lorenzo, seinerzeit Chefredakteur des Berliner „Tagesspiegel". Im Lauf der Diskussion sprach Henry Kissinger plötzlich ganz nebenbei einen Satz aus, dessen Tragweite zunächst der Mehrheit der anwesenden Zuhörer nicht bewusst wurde: „Die vier Botschafter der Siegermächte des Zweiten Weltkrieges brauchten über das Berlin-Abkommen nicht viel zu verhandeln. Sie brauchten nur den Text zu unterzeichnen, den die Bilderberger ausgearbeitet hatten." Die Frage, wer denn eigentlich diese Bilderberger waren, kam im weiteren Verlauf der Diskussion nicht zur Sprache. Abseits des großen Auditoriums erklärte Egon Bahr vor Journalisten, die mehr darüber wissen wollten, dass nach dem Zweiten Weltkrieg sich spontan ein Gesprächskreis aus europäischen und amerikanischen Spitzenkräften aus Wirtschaft und Politik zusammengefunden hatte, um in der Zeit des beginnenden Kalten Krieges den transatlantischen Dialog zu beleben. Initiator dieser ersten Gesprächsrunde war Prinz Bernhard der Niederlande, der Ehemann von Königin Juliana. Das erste Treffen fand im

Mai 1954 im Hotel Bilderberg in der niederländischen Stadt Oosterbeek statt. So kam die Gruppe schließlich zu ihrem Namen. Seither trifft sich die Runde einmal jährlich, immer in einer anderen Stadt. Prinz Bernhard fungierte bis 1976 als Chairman der Bilderberger, die ursprünglich vor allem eine europäische Initiative war, von niederländischen Industriellen an den Prinzen herangetragen. Heute gehört Prinz Bernhards Tochter, Königin Beatrix, ebenfalls zu den regelmäßigen Gästen bei den Treffen.
Die Bilderberger sind heute ein exklusiver und in sich geschlossener Kreis, zu dem man nur durch Einladung Zutritt erhält. Das Hotel, in dem sie sich jeweils treffen, nimmt während der Konferenzdauer keine anderen Gäste auf. Journalisten etwa bleibt der Zutritt verweigert, mit Ausnahme von Auserwählten, die ebenfalls zum erlauchten Kreis der Bilderberger gehören. So wurden etwa der Chef der „Washington Post", Donald E. Graham, und von deutscher Seite Matthias Naas, stellvertretender Chefredakteur der „Zeit", der ehemalige Präsident der Weltbank, James Wolfensohn, ebenso wie Mathias Döpfner, CEO des Axel Springer Verlages, gesichtet. Von Seiten der Wirtschafts- und Politprominenz war EU-Präsident José Manuel Barroso ebenso dabei wie der Sprecher des Vorstands der Deutschen Bank, Josef Ackermann, der Chef der Europäischen Zentralbank, Jean-Claude Trichet, oder der ehemalige Vorstandsvorsitzende des Daimler-Chrysler-Konzerns Jürgen Schrempp. Selbst die deutsche Bundeskanzlerin Angela Merkel schien im letzten Jahr auf der Teilnehmerliste auf. Von österreichischer Seite nahmen neben Altbundeskanzler Franz Vranitzky auch der Baulöwe und Chef der Bauholding Strabag Societas Europea, Hans Peter Haselsteiner, der Chef der Österreichischen Kontrollbank, Rudolf Scholten, und Verleger Oscar Bronner teil. Die Liste der Bilderberger-Mitglieder verändert sich jedes Jahr. Oft erhalten sehr prominente Politiker nur ein einziges Mal eine Einladung.

Wie etwa Helmut Kohl im Jahr 1988, genau ein Jahr vor dem Fall der Berliner Mauer. Institutionalisiert sind nur die Treffen, nicht jedoch die Gruppe an sich.

Die Bilderberger sind pyramidenförmig, hierarchisch organisiert. An ihrer Spitze steht ein harter Kern, der sich Advisory Group nennt. Diese kleine Gruppe kommt zwischen den jährlichen Treffen regelmäßig zusammen und bestimmt die Teilnehmerliste der nächsten Konferenz. Wenn auch die meisten Bilderberger selbst nicht in politischen Ämtern sitzen, gilt die Gruppe anscheinend als wichtiges Sprungbrett für politische Karrieren. Bill Clinton war als Gouverneur von Arkansas Teilnehmer des Treffens von 1991 und wurde 1992 erstmals zum US-Präsidenten gewählt. Tony Blair wurde ein Jahr nach seiner Teilnahme am Bilderbergertreffen 1993 in Griechenland Chef der Labour Party. 1997 erfolgte seine Wahl zum Premierminister. Romano Prodi war 1999 eingeladen und wurde noch im selben Jahr Chef der EU-Kommission. George Robertson nahm 1998 am Treffen in Schottland teil und wurde 1999 NATO-Generalsekretär. Diese Tatsachen sorgten dafür, dass gerade das Jubiläumstreffen im Jahr 2004 im italienischen Stresa zum 50. Jahrestag der Gründung der Gruppe besonderes Interesse bei den Medien erweckte. Auf dieser Tagung hielt nämlich der Senator des US-Bundesstaats North Carolina, John Edwards, eine vielbeachtete Rede. Nur einen Monat später berief ihn John F. Kerry zu seinem Vizepräsidentschaftskandidaten.

Die Bilderberger sind eine äußerst einflussreiche Lobby, die daran arbeitet, zusammen mit den geladenen Politikern einen Grundkonsens über bestimmte Werte herzustellen, die dann schließlich in den einzelnen Ländern umgesetzt werden. Die Agenda der Bilderberger-Treffen seit dem Jahr 1954 lesen sich fast wie ein Geschichtsbuch der internationalen Nachkriegsgeschichte. Allerdings mit einer wichtigen Veränderung, wodurch die Bilderberger als Gestalter der Zukunft – als Herren der Zeit – erscheinen: Bei konkreten politischen und wirtschaftlichen Themen wird deutlich, dass sie keineswegs nur auf historische Entwicklungen reagieren, sondern diese prägen und ausarbeiten. Warum? Weil ihre Agenda in diesen Fällen den äußeren Ereignissen voraus läuft. Etwa die europäische Einigung, die bereits 1955 und 1956, also vor dem Unterzeichnen der Römischen Verträge von 1957, auf der Tagesordnung stand. Auch die Tagung 1988 im österreichischen Telfs-Buchen war von großem Interesse. Zum ersten und einzigen Mal gehörte Bundeskanzler Helmut Kohl zu den Teilnehmern, und zum ersten Mal seit den fünfziger Jahren wurde „die deutsche Frage" aufgegriffen. Es war nicht unbedingt Zufall, dass 1989 dann die Berliner Mauer fiel.

Der britische „Observer"-Journalist Will Hutton bezeichnete die Mitglieder des exklusiven politisch-wirtschaftlichen Debattierclubs in einem Artikel als „Hohepriester der Globalisierung", was inzwischen in Journalistenkreisen so etwas wie ein geflügeltes Wort geworden ist. Was nicht heißt, dass die Bilderberger amerikanische Stabspläne fördern. Sie propagieren zwar eine Weltregierung, diese jedoch eher als eine multilaterale Lösung, unter dem Dach der gestärkten UNO. So müssen die USA auf den Bilderberger-Treffen für ihre Politik manchmal durchaus Kritik einstecken. Prominentester Kritiker der Ära Bush ist etwa der Belgier Etienne Davignon. Und auch Tony Blair wurde schon des Öfteren im Kreis der Bilderberger gescholten, etwa, weil er seine Zusage, in Großbritannien den Euro einzuführen, nicht einhalten konnte.

Die Einladung zu Bilderberger-Konferenzen galt und gilt in der rot-weiß-roten Alpenrepublik sowohl in Politik- als auch in Wirtschaftskreisen als größte Bestätigung der eigenen Bedeutung und der eigenen Beliebtheit. Weniger bekannt scheint da die Herrengesellschaft Schlaraffia zu sein. Sie zählt vermutlich auch zu den lustigsten aller Netzwerke, ist aber auch das einzige Netzwerk, in dem weltweit zwischen Frankreich, Schweden, Spanien, Nord- und Südamerika, Kanada, Japan und Südafrika, Deutsch gesprochen wird. 11.000 Mitglieder in 261 Vereinen gibt es mittlerweile, 152 davon in der Bundesrepublik, 56 in Österreich, zwölf in der Schweiz. Von „Reychen" und von den „Colonien" ist da die Rede. Denn Schlaraffen leben in einer eigenen Welt des Spiels mit besonderen Worten und Formen, um sich nur für einen Abend in der Woche im eigenen „Reych" vom Alltag abzuwenden.

Am 10. Oktober 1859 wurde die Herrenvereinigung Schlaraffia in Prag von deutschen Mitgliedern des dortigen Stadttheaters gegründet, zunächst als „Proletarier-Club". Die Mitglieder betrachten sich im Übrigen nicht als Müßiggänger im märchenhaften Schlaraffenland. Mit Kunst, Freundschaft und Humor als praktizierten Idealen stehen sie vielmehr mitten im Leben, obwohl man „Ihr" und „Euch" zueinander sagt, von der Burgfrau und der Burgmaid erzählt und mit vielen anderen heiteren Wortspielen den Gast zunächst verwirrt. Schlaraffia ist weder ein Geheimbund noch eine Loge, weder eine Karnevalsgesellschaft noch ein Kunstverein. Aufnahme finden nur „Männer von unbescholtenem Rufe in reiferem Lebensalter und gesicherter Stellung, die Verständnis für die idealen Zwecke Schlaraffentums haben und gewillt sind, sie zu verwirklichen" – so steht es zumindest in der Satzung. Sie regelt, wann aus dem Gast nach geheimer Abstimmung der eigentliche Schlaraffe werden darf. Dieser erhält dann als „Knappe" die laufende Mitgliedsnummer seines Reyches und wird nach weiterem Examen zum „Junker". Mindestens zehn wöchentlich stattfindende Veranstaltungen in der „Burg" des örtlichen „Reyches" muss er besuchen, bis er zum Ritter geschlagen werden kann. Erst als solcher erhält er seinen endgültigen, oft witzig klingenden, persiflierenden Namen. Erst dann verfügt er über alle Rechte im ritterlichen Spiel mit geistigen Waffen.

Wer erst ein paar Mal „gesippt“ wurde, wird bald verstehen, dass all diese überlieferten, in 19 Konzilen beschlossenen Regeln sowie der Aufwand mit Helmen aus Stoff nur dem reinen Spiele dienen. Und die Titel und Orden, die da für oder auch ohne Verdienste verliehen werden, ebenfalls nur mithelfen sollen, das Profane zu vergessen, oder es zumindest im Narrenspiegel zu sehen. So ähneln denn auch viele schlaraffische Ritterhelme eher den alten Narrenkappen.

Schlaraffia lebt freilich nicht von wöchentlichen Treffen, sondern von den Begegnungen in aller Welt. Schlaraffen sind nie allein. Sie pflegen Freundschaften und Netzwerken im eigenen Reych und sind in aller Welt bei den anderen Kollegen herzlich willkommen.
Im Schlaraffiaclub finden sich Männer aller Berufe, nach wie vor viele aus der Welt des Theaters, aber auch solche, die Musik von Berufs wegen oder als Amateure betreiben. Zu ihrer Mitgliedschaft bei den Schlaraffen bekannt haben sich der Komponist Franz Lehár, der Schriftsteller Peter Rosegger, die Schauspieler Paul Hörbiger und Richard Münch. Zwei, die selbst im Fernsehen schlaraffische Heiterkeit ausgestrahlt haben, waren der bayrische Staatsschauspieler Gustl Bayrhammer und der Wetterkartenmaler Uwe Wesp – beide zierte die Schlaraffennadel.

Einen großen Stellenwert in Österreich haben karitative Netzwerke wie etwa der Lions Club, die Rotarier oder die Kiwanis. Der Eintritt in diese Clubs wird meist jenen gewährt, die von zwei Mitgliedern empfohlen und ohne Gegenstimme akzeptiert wurden. Getagt wird dann meist in guten Hotels, über Vorträge hochrangiger Experten wird dann anschließend diskutiert. Als Sprungbrett für Spitzenpositionen sind sie in der Alpenrepublik weniger geeignet, denn man findet erst dann Zutritt, wenn man sich bereits in einer solchen befindet. Angenehme Begleiterscheinung einer Mitgliedschaft bei einem derartigen Club: Da die Lions, Rotarier und Kiwanis weltweit agieren, befindet man sich auch hier in einem weltweiten Netzwerk. Auch wenn die Mitgliederlisten dieser Clubs oft den gegenteiligen Eindruck erwecken möchten, so heißt es in der Selbstdarstellung der Rotarier, legen sie allergrößten Wert darauf, keine elitäre Vereinigung zu sein. Für die Mitgliedschaft kommt es nicht auf die soziale Stellung an, sondern vielmehr auf die Bereitschaft, sich für Ziele von Rotary einzusetzen. Rotary ist eine weltweite Organisation von Personen aus dem Berufs- und Geschäftsleben, die sich dem humanitären Dienst widmen, hohe ethische Grundsätze im Berufs- und Privatleben vorleben und fördern sowie für die Verbreitung von gutem Willen und die Verständigung auf der Welt wirken. Die Rotary Clubs, in denen sich gleichgesinnte Personen freundschaftlich zusammenfinden, pflegen diese Ideale – so steht es zumindest auf der Homepage. Das Mitgliederverzeichnis der österreichischen Rotarier liest sich dann aber wie das „Who is Who" der Wirtschaftsszene: Neben den Chefs der Top-Banken wie Raiffeisen, Bank Austria-Creditanstalt oder Erste Bank findet man auch den Gouverneur der Österreichischen Nationalbank, die Chefs der heimischen Versicherungskonzerne, Industriellen-Bosse, Mediziner, Anwälte, Wissenschaftler sowie Politiker aller Couleurs und Journalisten. Bei der Rekrutierung von Mitgliedern sind die Rotarier streng: Es dürfen nie zwei Personen mit dem gleichen Beruf im Club vertreten sein. Durch die Vielfalt der Berufe schaltet man den Wettbewerb aus.

Bei den Lions hingegen, der mit weltweit 1,4 Millionen Mitgliedern größten Hilfsorganisation, wird hauptsächlich karitativ gewerkt. In Österreich gibt es derzeit 190 Clubs mit über 6000 Mitgliedern, die dem Motto Charity und Freundschaft frönen. Auch hier findet man zahlreiche Politiker aller Couleurs, die ebenfalls bei den Clubveranstaltungen den Vorträgen prominenter Gäste lauschen. Wer Lion ist und es auch für lange Zeit bleiben will, muss nicht nur an den Clubabenden mit dabei sein und brav seinen Mitgliedsbeitrag überweisen, sondern auch noch auf seinen Leumund schauen. Denn gesellschaftliche Verfehlungen sind ein sofortiger Ausschlussgrund.

Die Kiwanis sind in Österreich zwar nicht so bekannt wie ihre Mitbewerber, die Rotarier oder die Lions, sie haben auch eher den Touch des kreativ-künstlerischen Netzwerkes. Die Pflege der Freundschaft mit Gleichgesinnten in der ganzen Welt ist die Basis der Kiwanis-Idee. „Kiwanier sprechen sich untereinander als Freunde an. Ausdruck dieser Gesinnung ist der Dienst am Nächsten, die Anwendung höherer Maßstäbe im sozialen, geschäftlichen und beruflichen Leben und die Bemühung, am Aufbau einer friedlichen und toleranten Welt mitzuwirken“, liest man in den Statuten. Das Kiwanis-Motto lautet: „We build“ – wir bauen an einer besseren menschlichen Gesellschaft. Jeder Club leistet seinen Beitrag auf seine Weise, individuell, aber gezielt im Rahmen einer großen Organisation. „Wir haben Freude daran, unsere Talente zu teilen“, lautet auch das Motto des Kiwani-Clubs. Dass die Mitglieder einander beim Abendessen treffen, Vorträgen lauschen und diskutieren, steht an der Tagesordnung. Für mehr, betonen sie aber, wäre kein Platz. Sie seien kein Tummelplatz für Vereinsmeier und auch keine Jobvermittlungsagentur. Als Seilschaft für die Karriereplanung scheiden sie – laut Eigenangaben – daher aus.

Während bei den internationalen Clubs wie Rotarier, Lions und Kiwanis gute Taten, gute Kontakte und gute Geschäfte im Mittelpunkt stehen, haben sich über Jahrzehnte hinweg in Österreich auch traditionelle Männer-Clubs entwickelt. Ganz offiziell steht dabei immer wieder die Karriereförderung im Mittelpunkt. Viele Verbindungen stammen auch aus frühen Schul- und Studentenzeiten, wie der Österreichische Cartellverband, der Bund sozialistischer Akademiker oder der Mittelschülerkartellverband. Der Cartellverband ist nach wie vor ein hocheffizientes Netzwerk katholischer Akademiker, dem in der Alpenrepublik viele Spitzen aus Wirtschaft und Politik angehören. Immer wieder waren und sind ÖCV-Mitglieder in hohen politischen Funktionen tätig, darunter die Bundespräsidenten Kurt Waldheim und Thomas Klestil (K.a.V. Bajuvaria Wien). Auch Karl Korinek, seit 2004 Präsident des Verfassungsgerichtshofes (K.Ö.H.V. Franco-Bavaria Wien), Franz Fiedler, Präsident des Rechnungshofes zwischen 1992-2004, Nationalratspräsident Andreas Khol (A.V. Raeto-Bavaria Innsbruck), Landeshauptmann Erwin Pröll (Ö.k.a.V Rhaeto-Danubia Wien), der Abgeordnete zum Europäischen Parlament Othmar Karas (K.Ö.H.V. Sängerschaft Waltharia Wien) und die Staatssekretäre für Finanzen, Alfred Finz (K.Ö.H.V. Nordgau Wien), und Verkehr, Helmut Kukacka (K.a.V. Austro-Danubia Linz), sind Cartellbrüder. Alle genannten Politiker sind oder waren Mitglieder der ÖVP. Weitere prominente Mitglieder einer Verbindung im ÖCV sind der Wiener Kardinal Christoph Schönborn (Ö.k.a.V Rhaeto-Danubia Wien), der Physiker Anton Zeilinger sowie Persönlichkeiten der Wirtschaft, wie der ehemalige Generaldirektor der Siemens Österreich AG Albert Hochleitner (K.a.V Norica Wien) oder der Leiter des WIFO Karl Aiginger (K.a.V Norica Wien). In vielen Clubs – wie bei den geheimen Freimaurern oder dem Österreichischen Cartellverband – sind Frauen übrigens noch unerwünscht.

Es gibt aber auch in Österreich einige wenige richtige, alteingesessene Herrenclubs nach alter britischer Manier. Wie beispielsweise den Jockey Club oder den Sankt Johanns Club, die ihren Sitz in einem Wiener Ringstraßenpalais haben. Dort treffen einander Herren der noblen Gesellschaft. Sie speisen zu Mittag, lesen die Zeitung, unternehmen Ausflüge oder gehen gemeinsam auf die Jagd. Ersterer ist der altehrwürdige, im Jahr 1867 gegründete und einst sehr bedeutende Jockey Club für Österreich. Er war nie nur auf adelige Mitglieder beschränkt, dennoch hat das aristokratische Element in seiner Geschichte immer eine bestimmende Rolle gespielt. So gibt es die ungeschriebene und bisher immer eingehaltene Regel, dass der Präsident im Adelsverzeichnis „Gotha" stehen muss. Seine Funktion besteht darin, leitende Turfkörperschaft[3] zu sein, für die Förderung der Vollblutzucht zu sorgen und den geselligen Verkehr zu pflegen. Böse Zungen behaupten allerdings, dass die Mehrzahl der Mitglieder heutzutage nicht einmal mehr weiß, wo bei einem Pferd vorne und wo hinten ist. Der Jockey Club hat 195 Mitglieder, von denen 60 Prozent aus aristokratischen Familien stammen.

Der zweite Herrenclub ist der Sankt Johanns Club, der die höchste Anzahl an Adeligen in Österreich vereint. Er wurde 1954 von einer Gruppe von Herren, die zwischen 25 und 35 Jahre alt waren, unter der Patronanz des Malteser-Ordens gegründet. Die jungen Männer waren Kinder und Enkel derer, die in der Vereinigung katholischer Edelleute bestimmend tätig waren. In der Gründungsphase wurde diskutiert, einen Adelsclub ins Leben zu rufen; dies kam nicht zustande, unter anderem deshalb, weil die Alliierte Kontrollkommission (Österreich war zum damaligen Zeitpunkt ein besetztes Land) einen Adelsclub nicht bewilligt hätte. Trotzdem wurde in den ersten Jahren der Vereinsgeschichte eine sehr intensive Diskussion über die Aufgaben des Adels in der veränderten Welt geführt. Zweck des Sankt Johanns Clubs ist das gesellige Beisammensein und die geistige Weiterbildung seiner Mitglieder. Ergänzend sehen die Aufnahmerichtlinien des Clubs vor, dass die Mitglieder einer christlichen Religion angehören müssen. In der Gründungsphase war diskutiert worden, ob ausschließlich Katholiken als Mitglieder zugelassen werden sollten, was vernünftigerweise aber nicht durchgezogen wurde. Die Parallele zur Vereinigung katholischer Edelleute ist jedenfalls nicht ganz von der Hand zu weisen. Der Sankt Johanns Club hat derzeit 760 Mitglieder, von denen zwei Drittel, also knapp über 500, adelig sind. Dieser Prozentsatz ist ziemlich stabil. Rechnet man noch die „Halbadeligen" (die Mutter ist adelig) und die „Angeadelten" (die Frau ist adelig) hinzu, dann ergibt sich ein soziologisch sehr homogener Mitgliederbestand, schildert Clubpräsident Georg Frölichsthal.

Einer der wenigen Businessclubs für Jungmanager ab dreißig wurde vor rund sechs Jahren in Wien von Gregor Schönstein und Telekom-Regulator Georg Serentschy gegründet: BizBoingClub (BBC) ist ein – für österreichische Verhältnisse – eher außergewöhnliches Netzwerk von jungen Persönlichkeiten aus verschiedensten Bereichen des wirtschaftlichen und öffentlichen Lebens, die sich mit den Fragen der Welt und den Rätseln der Zeit auseinandersetzen – so steht es zumindest auf deren Homepage. Die Jungmanager-Treffen finden einmal monatlich im Hinterzimmer des Café Sacher statt. Und wieder lauschen die Mitglieder hauptsächlich Vorträgen, bevor es zur Sache geht: Danach wird nämlich bei einem guten Glas Rotwein genetzwerkt. Aufgenommen wird nur, wer sich nach knapp zwei Jahren und nach Empfehlung mehrerer Mitglieder des Clubs als würdig erwiesen hat. Hier ein Auszug aus dem Themenkreis, mit dem sich die BizBoing-Jungmanager beschäftigen: „Die Zukunft der Telekommunikation", die „Selbstverteidigung der Manager", „Wozu Karriere?", „Wirtschaftskriminalität und Abwehr im Wirtschaftsalltag", „Gewissen und Wirtschaft". Dass aus den Clubbeziehungen auch Wirtschaftsbeziehungen entstehen, ist nicht nur Zufall, sondern erwünscht.

In Österreich kann man aber auch ohne Club netzwerken – und zwar ziemlich effektiv und rasch. Denn einmal im Jahr mutiert die Bundeshauptstadt Wien zur Ballstadt. Dann nämlich, wenn die Ballsaison in der Alpenrepublik eingeläutet wird, wird es ernst. Dann hat das Geschäftemachen in der Metropole Wien Hochsaison. Man benötig nicht einmal ein Köfferchen Geld dafür oder den Laptop mit der tollsten Powerpoint-Präsentation des Millenniums: Es wird einfach geredet und beschlossen. In Good Old Austria ist's möglich. Denn Handschlagqualität haben sie, die Österreicher. Was in diesen Nächten zwischen Januar und Februar vereinbart wird, wird auch eingehalten. Ösi-Ehrenwort. Nicht nur des guten Weißweines und des Wiener Schnitzels wegen.

Der wichtigste Ball fürs Geschäftemachen ist und bleibt zweifellos der Wiener Opernball am Donnerstag vor dem Aschermittwoch, sozusagen als Ball, der das Ende der Ballsaison einläutet. Doch Vorsicht: Die Logen sind bereits ein Jahr im Vorhinein ausgebucht, sagt Ballorganisatorin Elisabeth Gürtler – sie ist auch zugleich die Chefin des Wiener Traditionshotels Sacher, welches sich gleich hinter der Wiener Staatsoper befindet. Wer dennoch eine Loge für diesen Abend braucht, muss viel Geld auf den Tisch legen. Sie kostet rund 16.000 Euro, ein Tisch 2000 Euro, der Eintritt 215 Euro. Unternehmen, die eine Loge kaufen, werden zu Donatoren, also zu offiziellen Förderern der Wiener Staatsoper. Sie unterstützen diese dann mit einer Spende von 36.000 Euro jährlich. Dafür erhalten sie Einladungen zu Premierenvorstellungen und -feiern und können die Oper für Firmenevents nutzen. Sie sind – zur Krönung – auf einer goldenen Tafel im Foyer verewigt.
Der Wiener Opernball ist kein „Dinner Dance". 90 Prozent der Menschen wollen sich dort nicht amüsieren, sondern heiße Geschäfte machen. Zu den ständigen Gästen des „Balles der Bälle" zählen vor allem große Unternehmen: Siemens,

IBM, Porsche, Olympus, aber auch Medienkonzerne wie die deutsche WAZ-Gruppe, Banken und Versicherungen.
Die in- und ausländischen Geschäftstreibenden besuchen sich gegenseitig in ihren Logen. Österreichs Politiker laden ihre „Amtskollegen“ aus dem Ausland gerne zu diesem elitären Ballfest ein, und die heimischen Wirtschaftskapos lassen ihre Konzernchefs und deren Gäste in fein geputzte Logen zu Lachs- und Kaviarbrötchen sowie Krug-Champagner einfliegen. Mehrere tausend Euro sind dabei schnell ausgegeben.

Am „Ball der Bälle“ tummeln sich die Wirtschaftselite und Politiker, Mitglieder der Wiener Staatsoper, Schauspieler, Stars und Künstler. Neben deutschen Stars, wie Uschi Glas oder Thomas Gottschalk, waren immer wieder Otto Wiesheu, ehemaliger Bayerischer Staatsminister und jetzt im Vorstand der Deutschen Bahn AG, Siemens-Aufsichtsratsvorsitzender Heinrich von Pierer und, bis zu seinem Tod, der ehemalige Ministerpräsident des Freistaates Bayern, Franz Josef Strauß, mit dabei.
Wer am Ball den österreichischen Bundeskanzler oder den Bundespräsidenten persönlich treffen möchte, muss sich einige Tage vorher beim jeweiligen Kabinettschef anmelden. Am Tag danach laden der Wiener Bürgermeister Michael Häupl und die Chefin der Wiener Wirtschaftskammer, Brigitte Jank, Unternehmer aus dem In- und Ausland zum traditionellen Empfang ins Rathaus ein.

Es gibt aber in Wien noch zwei andere Bälle, die es wert sind, im Zusammenhang mit Netzwerken erwähnt zu werden: und zwar den Technikercircle und den Philharmonikerball. Beide finden im wohl schönsten Konzertsaal der Welt, im Goldenen Musikvereinssaal, statt und versammeln die Wirtschaftselite des Landes. Und wiederum gilt: Zum Geschäftemachen sind beide Bälle ein willkommener Anlass.

Zu den außergewöhnlichen wirtschaftspolitischen Netzwerken zählt in der Bundeshauptstadt Wien auch der vom ehemaligen Chef der größten österreichischen PR-Agentur Publico, Wolfgang Rosam, gegründete Zigarrenclub. Damit schuf Rosam vor einigen Jahren einen der bekanntesten heimischen Networking-Zirkel und auch ganz bewusst eine Marke. Das gelang ihm vor allem durch eine Mischung von einzigartigen Referenten und hochkarätigem Publikum. Jeden Montag spricht in der Agentur ein prominenter Gast. Manager, Politiker und Journalisten nützen anschließend die Gelegenheit zum Networken. Auf der Einladungsliste des Zigarrenclubs zu stehen, das ist einfach was. Zumal es die eigene Selbstvermarktung erleichtert. Schließlich trifft man da an einem Abend im Monat auf wichtige Menschen, die einem eben nicht alle Tage begegnen.

In Österreich gibt es aber auch viele innerpolitische Netzwerke. Freundschaften zwischen Politikern verschiedener Couleurs sind durchaus an der Tagesordnung. Bestes Beispiel für einen exzellenten innerpolitischen Networker ist der Wiener Bürgermeister und SPÖ-Vorsitzende Michael Häupl. Seine Freundschaften zu ÖVP-Politikern sind legendär. So pflegte Häupl besonders gute Kontakte zum verstorbenen österreichischen Bundespräsidenten Thomas Klestil, dessen Trauzeuge er war, als Klestil in zweiter Ehe die Karrierediplomatin Margit Löffler heiratete. Auch mit dem ehemaligen Präsidenten der Wiener Wirtschaftskammer, Walter Nettig, verbindet Häupl eine tiefe Freundschaft. Unter anderem eröffneten die beiden alljährlich gemeinsam die Saison auf der Alten Donau und präsentierten sich an diesem Tag gemeinsam den Medien. Vor Journalisten hob Häupl einmal die „einzigartige" Zusammenarbeit zwischen der Stadt Wien und der Wirtschaftskammer hervor. „Es ist eine Singularität und echte Seltenheit, dass so etwas funktioniert", sagte der Bürgermeister den versammelten Journalisten. „Das ist gut für

die Stadt, gut für die Wirtschaft und gut für die Menschen, die hier wohnen und die zu uns auf Besuch kommen." In der Kooperation stecke viel Arbeit: „Um eine Freundschaft muss man sich immer bemühen, das ist auch bei dieser Zusammenarbeit so."
Michael Häupl pflegt aber auch eine gute Partnerschaft zum Niederösterreichischen Landeshauptmann Erwin Pröll. Häupl und Pröll verbindet nicht nur ihr beider Amt, sondern auch gemeinsame Besuche von Fußballspielen – beide sind Austrianer – und des Opernballs. Sie tragen dann das Landeswappen des jeweils anderen am Revers.
Auch Österreichs Bundeskanzler Wolfgang Schüssel, Mitglied der Volkspartei, trifft regelmäßig mit seinen Sozialpartnern, also Gewerkschaftsboss Fritz Verzetnitsch, einem Sozialdemokraten, und Arbeitgeberpräsident Christoph Leitl, zu ungezwungenen Diskussionsrunden zusammen. Die Sozialpartner an einem Tisch anzutreffen, das signalisiert eine Form des sozialen Friedens, der wirklich einzigartig ist. In Österreich bildete sich diese Form der Zusammenarbeit bereits in den 60er Jahren zu einem Instrument des Dialoges heraus, das sich nicht nur auf die unmittelbaren Themen zwischen Arbeitgeber und Arbeitnehmer beschränkt, sondern auch Wirtschafts- und Sozialbereiche einbindet. Das österreichische System der Sozialpartnerschaft war Ende des vorigen Jahrhunderts nicht unwesentlich für den Ruf Österreichs als „Insel der Seligen" verantwortlich, auf der Streikzeiten in Sekunden pro Jahr gemessen wurden.

Den derzeitigen exklusiven Führungskräfte-Zirkeln widmete das „Manager Magazin" im Herbst des letzten Jahres unter dem Titel „Managerclubs der Neuzeit" eine eigene Story. Grundtenor: Dort würden sich die besten Beziehungen knüpfen lassen. Die etablierten Managernetzwerke hätten jedoch heute unter der Konkurrenz durch virtuelle Businessclubs zu leiden, hieß es aber auch. Parallel zu

Freizeit- und Flirtbörsen etabliert sich derzeit eine neue Klasse virtueller Gemeinschaften. Im Unterschied zu den klassischen Kontaktforen kümmern sich Plattformen wie Linkedin, Performers Circle oder Open Business Club ausschließlich um Geschäftsleute und machen diese miteinander bekannt. Die Technik im Onlinezeitalter ist außerdem einfacher: In kürzester Zeit kann sich eigentlich jeder Internetnutzer mit wenigen Klicks ein Netzwerk mit Hunderten Ansprechpartnern aufbauen. Der Grundgedanke virtueller Businessgemeinschaften beruht auf einer These: Jeder kennt jeden über eine Verbindungslinie, die aus höchstens sechs Personen besteht. Ein Soziologe der Universität Stanford fand darüber hinaus heraus, dass Arbeitsplätze in der Regel nicht direkt durch Freunde, sondern meist von Freunden von Freunden vermittelt werden.
Die amerikanische Plattform Linkedin vertraut auf genau dieses System: Teilnehmen darf nur, wer von Mitgliedern empfohlen wurde. Jeder darf nur Leute einladen, die er selbst kennt, mit denen er gearbeitet oder Geschäfte abgewickelt hat. Kommuniziert wird hauptsächlich auf Englisch, deshalb tummeln sich vorwiegend Nutzer aus dem englischsprachigen Raum im Netz. Rund 30.000 Mitglieder kommen aus Deutschland. Mit insgesamt zwölf Millionen Nutzern zählt die Plattform zu einem der größten internationalen Netzwerke.

In Deutschland gibt es ein Pendant zu Linkedin, das Führungskräftenetzwerk Capup, das neben einem virtuellen Angebot auch Abendveranstaltungen für Unternehmer und Führungskräfte organisiert.

Das exklusivste Businessclub-System heißt Performers Circle: Es ist der Onlineclub des Personalberaters Access, der mittlerweile 4000 Mitglieder umfasst. Mitglieder sind hauptsächlich Personen, die mehrjährige Berufserfahrung in

leitender Position vorweisen können, ein Wirtschaftsstudium absolviert haben und zu den besten 20 ihres Jahrgangs gehörten. Der Fokus der Plattform liegt übrigens auf dem Austausch mit Geschäftspartnern aus ähnlichen Bereichen und nicht auf der klassischen Jobsuche.
Die größte europäische Netzwerk-Plattform heißt Open BC. Sie steht allen Nutzern offen, ist auch kein elitärer Businessclub, zu dem nur geladene Gäste Zutritt haben. Oberstes Ziel von Open BC ist es, eine ungehinderte Kommunikation unter den Clubmitgliedern zu gewährleisten. Open BC hat ihren Firmensitz übrigens in Hamburg, mit insgesamt 13 Mitarbeitern. Die Website gibt es in 16 Sprachen und wird von rund 650.000 Mitgliedern in mehr als 200 Ländern genutzt. Um Kontakt zu anderen Nutzern zu bekommen, muss man lediglich seinen Lebenslauf mit Foto, beruflichem Status und Aufgabengebiet sowie private Interessen ins Netz stellen. Danach kann man mit jedem Eingeloggten kommunizieren und netzwerken. Klickt man auf den neuen Kontakt und auf dessen Kontakte, so werden wieder neue Verbindungen geknüpft. Hat der Nutzer mehr als 20 Personen als Kontakt hinzugefügt, erreicht er dadurch im Schnitt bis zu 1000 zusätzliche Kontakte.
Die Personalberater fördern derartige Web-Netzwerke, denn der Businessclub im Netz hat positive Auswirkungen auf die Arbeitsmarktlage. Er beflügelt quasi den Markt. Doch trotz aller positiven Seiten der Online-Netzwerke reicht es vielen Mitgliedern nicht, sich lediglich virtuell auszutauschen. So kommt es immer wieder vor, dass sich einzelne Mitglieder in Eigeninitiative zusammenfinden, um sich persönlich kennen zu lernen. Es zeigt sich aber, dass nicht nur jene, die im realen Leben erfolgreich Kontakte knüpfen können, im virtuellen Businessclub erfolgreich auf Kontaktfang gehen können. Denn die professionelle virtuelle Kontaktpflege kann auch nicht mehr ausrichten, als der Nutzer im realen Leben leistet. Auf jeden Fall bieten die virtuellen Netze derzeit Möglichkei-

ten, Informationen auszutauschen, sich inspirieren zu lassen, längst verschollen geglaubte Personen wieder zu finden und Allianzen zu schmieden. Eines können aber diese Netzwerke nicht: den visuellen Kontakt von Mensch zu Mensch ersetzen. Denn der persönliche Kontakt bleibt weiterhin das Wichtigste, um sich einen Eindruck von seinem Gegenüber machen zu können.

Der deutsche Elitenforscher Michael Hartmann gab in einem Zeitungsinterview erst kürzlich zu, dass es mit Hilfe von Netzwerken möglich sei, in bestimmte Positionen zu kommen, ohne die dafür nötige Leistung zu erbringen. Das funktioniert besonders in Ländern, in denen derlei Elitenetzwerke schon seit längerer Zeit bestehen. Die Musterländer dafür sind etwa Frankreich mit den Grandes Ecoles, die USA mit der Ivy League oder Großbritannien mit den Board und den Public Schools. Derartige erlaucht-elitäre Kreise schaffen es nicht nur, Spitzenpositionen innerhalb eines begrenzten sozialen Milieus weiterzugeben, sondern vor allem sich selber nach unten fast komplett abzugrenzen – indem die Eliten sich besonders stark von der Basis der Gesellschaft entfernen. So nennt Hartmann etwa das Beispiel Jean-Yves Haberer, den ehemaligen Chef der Crédit Lyonnais, der in drei Jahren in der Chefetage dieser Bank rund 15 Millionen Euro versenkt hat. Persönlichkeiten wie Haberer steigen in der Politik auf und gehen dann in die Wirtschaft. Wenn es dort aber schief geht, können sie ganz einfach wieder in hohe staatliche Positionen zurückkehren. Ganz einfach, weil sie einem Grand Corps, einer Elite-Institution der Beamtenschaft, angehören.
Solche Elite-Netzwerke funktionieren im Übrigen so: Ihre Mitglieder machen zunächst einmal einen Abschluss an einer Elitekaderschmiede. Diese hält mit alljährlichen Treffen und Informationen über Positionen und Verbleib ihrer Mitglieder das Netzwerk aufrecht. Es gibt außerdem einen informellen Code, wonach jeder Absolvent sich dazu verpflichtet, einem

Kommilitonen weiter zu helfen. Im Vordergrund steht die Zugehörigkeit zum Netzwerk, die von den Business Schools und Eliteschmieden selber gefördert wird. Jeder einzelne sorgt überdies dafür, dass das Netzwerk weiter funktioniert und weiter gefördert wird. Die Verbindungen werden aber nicht von einer Institution fixiert. Denn man sollte persönliche Netzwerke, die von einzelnen Personen auch abhängig sind, nicht verwechseln mit Institutionsnetzwerken, die funktionieren, ohne dass man einander kennt. Auch persönliche Netzwerke haben ihre Wirkung. Sie hängen oft an Einzelpersonen und brechen jedoch dann zusammen, wenn eine dieser Personen ausfällt.

Die Österreicher sind ebenso wie die Deutschen gute Netzwerker. Doch die Österreicher haben beim Netzwerken trotzdem die Nase vorne, da ihnen das „G'schaftelhubern" liegt, sie ihre Netzwerke einfach ernster nehmen, besser pflegen und sie mit Charme und Verve betreiben. Vereinsmeierei, ja bitte. Networking, selbstverständlich. Aber zuerst trinken wir noch ein Glaserl Weißwein. Dann reden wir übers Geschäft. Denn kein Netzwerk dieser Welt kann eine gemütliche Gesprächsatmosphäre ersetzen. Und in Österreich gilt zunächst die Gemütlichkeit, dann erst die Sachlichkeit. Das haben die Österreicher den deutschen Nachbarn auf jeden Fall voraus. Und wer es nicht glaubt, der gehe einmal auf einen der schillernden Wiener Bälle. Es muss ja nicht unbedingt gleich der Opernball sein. Es reicht, um es einmal ganz flapsig zu formulieren, der Juristenball oder der Medizinerball. Oder man beobachtet das richtige Netzwerken auf dem Technikercircle, wo die geballte österreichische Wirtschaftsprominenz ihre Honneurs macht. Dann wird man verstehen, wie die Alpenrepublik ihre „Geschäfte" in gemütlicher Atmosphäre abwickelt. Und dann lässt sich auch abschätzen, wie brillant und effektiv in Österreich wirklich verhandelt wird.

7. Die Strukturen der österreichischen Unternehmen

Erste Privatisierungen der schwarz-blauen Koalition – Gute Zusammenarbeit mit EU-Partnern – Netz von Klein- und Mittelbetrieben.

Man schreibt den Oktober des Jahres 1999. Es ist Abend. In einem Palais in der Wiener City versammeln sich rund 500 Menschen, um einem ganz außergewöhnlichen Vortrag beizuwohnen. Denn der Chef der bekanntesten deutschen Unternehmensberatung ist in die Bundeshauptstadt gekommen, um den Anwesenden eine ganz besondere Freude zu machen. Er will ihnen sagen, wie gut es um ihr Land steht. Besser noch: Er macht Stimmung für die gute Stimmung. Wenn Roland Berger sonst nach Österreich kommt, dann üblicherweise Ende Juni, zum alljährlich stattfindenden „Summernight Symposium" der Roland Berger Strategy Consultants, welches dann im noblen Palais Schwarzenberg über die Bühne geht. Bei Kerzenlicht, gepflegtem Essen und Blick auf den schönsten Wiener Innenstadtpark wird dann mit namhaften Promis aus der internationalen Businesswelt bis in die Morgenstunden diskutiert. Roland Bergers Österreich-Dependance betreut von Wien aus den gesamten osteuropäischen Raum. Das macht eine Menge Aufträge im Jahr.
Doch diesmal ist Roland Berger, wie gesagt, selbst als Vortragender eingeladen worden. Das Industriewissenschaftliche Institut lässt ihn zum Thema „Unternehmen Österreich: An der Schwelle zum 21. Jahrhundert" referieren. Der Untertitel lautet: „Standort Österreich – Schon jetzt Gewinner der Globalisierung". Roland Bergers Vortrag klingt ermutigend: „Wer die Wirtschaftslage Österreichs am Ende des Jahrtausends betrachtet, dem wird eines sofort deutlich: Österreich ist bereits heute ein Globalisierungsgewinner", streut er der Alpenrepublik gleich zu Beginn seines Vortrags Rosen. Der

kraftvolle Schub in Richtung Wachstum, Modernisierung und Restrukturierung, den das Land in den vergangenen Jahren erlebt habe, sei vor allem auf eines zurückzuführen: den Integrationsprozess im erweiterten Wirtschaftsraum der EU. „Mit dem EU-Beitritt hat Österreich eine Wirtschaftsdynamik entwickelt, die deutlich über jener seines Nachbarn Deutschland liegt", legt er los. Um durchschnittlich 2,14 Prozent ist das BIP der Alpenrepublik seit 1990 jährlich gewachsen, gegenüber 1,74 Prozent in Deutschland. „Mit einem BIP von 2.622,6 Milliarden Schilling im Jahr 1998 gehört die Alpenrepublik zwar noch zu den kleineren Volkswirtschaften Europas, ihr Wohlstandsniveau liegt jedoch mit 27.000 US-Dollar pro Kopf vor jenem der großen europäischen Wirtschaftsnationen Deutschland (25.900 USD), Frankreich (24.200 USD). Holland (23.900 USD) und Großbritannien (23.900 USD), übertroffen nur von der Schweiz (36.800 USD) und Dänemark (32.800 USD)."
Epochaler Ansatz. Und man bedenke das Jahr. Österreich befand sich also, glaubt man dem Top-Berater aus München, im Wahljahr 1999 bereits auf der Überholspur. Was bedeutet das konkret? Hatten die Sozialdemokraten in jahrzehntelanger Arbeit bereits den Boden für den künftigen konservativen Regierungschef Wolfgang Schüssel bereitet? Laut Roland Berger: ja. Dazu ein Zugeständnis von Roland Bergers Freund, dem Feuilleton-Chef und Mitherausgeber der F.A.Z., Joachim Fest, um die Glaubwürdigkeit von Herrn Bergers Aussage in diesem Punkt zu verstärken: „Zu den Schlüsseln seines Erfolges gehört, dass er und seine Mitarbeiter sich keiner Aufgabe mit einem vorgefertigten Konzept nähern. Das immer wieder bewährte Verfahren besteht vielmehr darin, am Beispiel der Auftragsfirma den großen Zusammenhang samt seinen Zwängen anschaubar zu machen und Lösungen für halbwegs zukunftstaugliche Strategien zu entwickeln. In ungezählten Interviews hat der gesuchte Auskunftgeber Roland Berger Mal um Mal die Notwendigkeiten hervorgeho-

ben, die ein Land wieder wettbewerbsfähig machen können: weg von den vermeintlich perfekten Lösungen, die niemals etwas anderes sind als eine lebensfremde Ausgedachtheit und von der Wirklichkeit nur zu bald über den Haufen geworfen werden. Er weiß, dass in allem Geschehen stets ein gehöriges Stück Unberechenbarkeit am Werk ist, der keine Theorie gerecht werden kann."
So weit zur Glaubhaftigkeit des vortragenden Managementberaters Roland Berger. Er streute der Alpenrepublik in seinem Vortrag im Jahr 1999 noch viele, viele Rosen, sprach von Österreichs ökonomischem Erfolg, der vor allem „durch internationale Wirtschaftsverflechtungen errungen wurde". Der Wachstumsmotor liege nicht im begrenzten Raum der Binnenwirtschaft, sondern auf den globalen Märkten. Fazit des Top-Beraters: Das Land hätte gute Grundlagen für den Weg ins 21. Jahrhundert. Gerade Österreich könne auf einer qualitativ soliden unternehmerischen Grundlage aufbauen. Vor allem das Niveau der Ausbildung, etwa im Bereich des Handwerks, biete eine gute Basis für unternehmerischen Erfolg. Das beweist die Tatsache, dass in Österreich 72 Prozent der „Start-Ups den Sprung über die ersten fünf Betriebsjahre schaffen" – weltweit der absolute Spitzenwert, sagt der Münchner Berater.

Diese Geschichte ist symptomatisch für den Erfolgsweg der Alpenrepublik. Denn gerade zu jener Zeit, als Roland Berger seinen Vortrag hielt, war Österreichs Politik – und somit auch die österreichische Wirtschaft – an einem Wendepunkt angelangt. Das Jahr 1999 brachte nach 13 Jahren SPÖ-Alleinregierung unter Bruno Kreisky, vier Jahren kleiner Koalition SPÖ-FPÖ und vier Jahren Großer Koalition SPÖ-ÖVP schließlich eine – für das kleine Land im Zentrum Europas – gewagte Änderung. Das Regierungsbündnis von ÖVP und FPÖ nach den Nationalratswahlen vom Oktober 1999 kam für viele überraschend, da es sich erstmals um ein Bündnis der zweitstärksten mit der drittstärksten Partei des Landes handelte. Die Wirtschaftspolitik der neuen schwarz-blauen Regierung konzentrierte sich zunächst auf Budgetkonsolidierungsmaßnahmen, nachdem Österreich im Jahr 2000 unter den EU-15 ein Rekorddefizit in der Höhe von 2,5 Prozent des BIP aufwies.

Insgesamt fallen die Budgetdefizite der Regierung unter Wolfgang Schüssel zwischen 2001 und 2004 deutlich geringer aus als in den vorangegangenen Jahrzehnten, sagen die Wirtschaftsforscher heute. Österreich verbesserte sich außerdem im Wohlstandsranking der OECD von Platz neun auf Platz sechs. Positives Zeichen: Die Zahl der Unternehmensgründungen ist seit 1999 um ein Drittel gestiegen und die Alpenrepublik gehört nach wie vor zu jenen EU-Ländern mit der niedrigsten Arbeitslosenrate. Eine konsequente Privatisierungspolitik sowie die Inangriffnahme von Strukturreformen sind bereits in der Gegenwart budgetwirksam. Vor diesem Hintergrund nennen die Ökonomen vor allem folgende strukturelle Maßnahmen:

• Die große Steuerreform 2003 und 2004/05 brachte in der ersten Etappe für die Steuerzahler Entlastungen. Die zweite Etappe stärkte den Standort durch Maßnahmen wie die Absenkung der Körperschaftsteuer von 34 auf 25 Prozent und durch eine neue Gruppenbesteuerung.

• Innerhalb von fünf Jahren konnten durch die vorgenommenen Privatisierungen die Schulden der ehemaligen Verstaatlichten Industrie de facto zur Gänze abgebaut werden. Die Unternehmen des ÖIAG-Portfolios werfen mittlerweile Dividenden für das Finanzministerium ab.

• Die Pensionsreform 2000 brachte eine Anhebung des Frühpensionsantrittsalters um 1,5 Jahre. 2003 folgte auf Vorschlag der Sozialpartner das Mitarbeitervorsorgegesetz, die sogenannte „Abfertigung neu". Gleichzeitig wurde die staatlich geförderte „Zukunftsvorsorge" eingeführt. Nach erfolgter enger Kooperation mit den Sozialpartnern gelang dann schließlich gegen Ende des Jahres 2004 die Verabschiedung der seit langem angestrebten Harmonisierung und Neuberechnung der Pensionen.

• Durch die Universitätsreform wurden Universitäten zu Einrichtungen öffentlichen Rechts mit eigener Rechtspersönlichkeit. Gleichzeitig wurden Studiengebühren eingeführt. Das Universitätsgesetz 2002 setzte etwa neue Akzente in der Forschungsförderung, und mit Jahresbeginn 2004 trat ein neues, stärker leistungsorientiertes Dienstrecht in Kraft.

• Die Forschungs- und Entwicklungsquote wurde bis 2004 auf 2,3 Prozent angehoben (bis 2006 ist eine Erhöhung auf 2,5 Prozent vorgesehen). Die Restrukturierung der vormalig fragmentierten Forschungslandschaft zur FFG und die Implementierung von steuerlichen Anreizinstrumenten – Forschungsfreibetrag, Forschungsförderung – bilden weitere Voraussetzungen, um den Forschungs-Output zu steigern.

Wesentliche Maßnahme der neuen Bundesregierung unter Wolfgang Schüssel war in wirtschaftspolitischer Hinsicht in den ersten Jahren, wie soeben beschrieben, die Privatisierung der staatsnahen Industrieholding zwecks Abbau von Schulden.
Die Schaffung und Erhaltung von Konzernzentralen ist ja eine wichtige Voraussetzung für einen attraktiven Wirtschaftsstandort und somit auch für die Schaffung und Sicherung von Arbeitsplätzen. Wertschöpfungsintensive Tochterbetriebe von Großkonzernen – also jene mit hoher Entscheidungs- und Investitionsverantwortung – haben meist ihren Standort im Land der Muttergesellschaft. Darüber hinaus ist die Konzernspitze oft im Land der dominierenden Eigentümer ange-

siedelt. Das bedeutet, dass bei der Übernahme eines bisher in inländischem Besitz stehenden selbstständigen Unternehmens durch ausländische Investoren das Risiko eines Verlustes an „strategischer Wertschöpfung" der Muttergesellschaft besteht. Davon sind meist nicht nur die höher qualifizierten Arbeitsplätze betroffen, sondern auch jene im Zulieferbereich, besonders aber jene in industrienahen Dienstleistungen. So besteht auch die Gefahr, dass ein Standort insgesamt an Attraktivität verliert. Mit dem Verkauf von österreichischen Schlüsselbetrieben ans Ausland ist also die Gefahr der Abwanderung von strategisch wichtigen Unternehmensteilen und daher des Verlustes an inländischer Wertschöpfung und Beschäftigung verbunden. Im Fall des Rückzugs der öffentlichen Hand als Kernaktionär besteht gerade in Österreich die Gefahr von „feindlichen" Übernahmen aus dem Ausland. Denn die von den Privatisierungsvorhaben betroffenen österreichischen Konzerne weisen oft eine wesentlich bessere Ergebnis- und Produktivitätsentwicklung auf als ihre europäischen Konkurrenten. In manchen Ländern, wie etwa in Deutschland, nehmen die Bundesländer, Großgemeinden und Banken die strategische Eigentümerfunktion bei zum Teil sehr großen Konzernen wahr, ergänzt durch ein System wechselseitiger Unternehmensverflechtungen. Der deutsche Stahlkonzern Salzgitter AG beispielsweise wird vom Land Niedersachsen mit einer Sperrminorität – länger als geplant – vor einer feindlichen Übernahme geschützt. Das Land wird seine Sperrminorität von 25,5 Prozent übrigens bis mindestens 2010 halten. Eine entsprechende Vereinbarung, die im Jahr 2003 ausgelaufen wäre, wurde im Jahr 2002 um sieben Jahre verlängert.

In Österreich ist das etwas anders. Da heißt es viel eher: Alles verkaufen und so rasch wie möglich. Mit dem Antritt der neuen Bundesregierung im Februar 2000 und der Verabschiedung des Österreichischen Industrie-AG-Gesetzes 2000 hat die Alpenrepublik die Weichen für eine neue Wirtschaftspolitik gestellt, indem die Bundesregierung zwecks Schuldenabbau die wichtigsten Unternehmen, an denen der Staat noch Anteile hält, einfach verkauft. Das im Parlament beschlossene ÖIAG-Gesetz 2000 stellte eine Pauschalermächtigung zur Privatisierung dar. Fixiert wurde zunächst, dass – neben der Österreichischen Staatsdruckerei, dem Auktionshaus Dorotheum und der Print Media Austria, – der Flughafen Wien, die Postsparkasse, die Telekom Austria und die Austria Tabak zu hundert Prozent privatisiert werden sollen. Bis zum Jahr 2003 müsse diese erste Privatisierungsphase bereits abgeschlossen sein. In einer zweiten Phase sollen die voestalpine, die staatliche Mineralölgesellschaft OMV, der Stahlkonzern Böhler Uddeholm, die VA Technologie, die Austrian Airlines und die Österreichische Post drankommen. Die 2002 folgende Regierung schrieb in ihrem Programm 2003 die vollständige Privatisierung von Böhler Uddeholm AG, VA Technologie AG, voestalpine AG, Österreichische Postbus AG, Österreichische Bergbauholding AG und der Telekom Austria vor. Für die Österreichische Post AG wurde ein strategischer Partner gesucht und damit ein erster Privatisierungsschritt vorgenommen. Nach abgeschlossener Privatisierung der angeführten Unternehmen sollte schließlich die Auflösung der ÖIAG erfolgen. Die noch verbleibenden Bundesbeteiligungen der ÖIAG sollten dann an eine neu zu gründende Bundesbeteiligungs- und Managementgesellschaft übertragen werden. Auch die Österreichische Bundesbahn (ÖBB) und der Verbund sollten dort eingebracht werden, wobei die verkehrs- und energiepolitische Steuerungskompetenz zur Gänze bei den zuständigen Ressorts verbleiben würde. Für die ÖBB wurden keine Privatisierungspläne vorgesehen.

Dass das Thema Privatisierung in Österreich zu den erfolgreichen Würfen der Politik zählt, bekräftigen auch Aussagen von österreichischen Managern. Einer unter ihnen ist Claus Raidl. Er zählt mit Sicherheit zu den streitbarsten und zugleich anerkannten Topmanagern des Landes. Als Generaldirektor des Edelstahlriesen Böhler Uddeholm steht er an der Spitze jenes Unternehmens, das selbst mit dem Thema Privatisieren zu tun hatte. In einem Interview ließ Raidl wissen, dass „Privatisierungen in Österreich eine Erfolgsstory darstellen". Raidls Begründung: „Weil eine Firma durch einen Börsegang in eine neue Welt eintritt – und zwar in eine Welt, wo das Management ganz klare Ziele zu erfüllen hat. Da sind nicht Zurufe aus der Politik wichtig, sondern: Was macht der Markt? Was müssen wir tun, um bei unseren Kunden, beim Ergebnis besser zu werden? Welche Strategie führt dorthin?" Und Raidl spart nicht mit Kritik an der Skepsis manch politischer Partei: „Historisch sind die Reflexe auf die Privatisierungen in Österreich interessant: Zuerst waren die Gewerkschaften gegen jede Form von Privatisierung, dann wollte man mindestens 51 Prozent behalten, anschließend begnügte man sich mit 25 Prozent – die Erfolge der Privatisierungen haben zu diesem Rückzug der Argumente geführt! Und jetzt ist man beim ‚österreichischen Kernaktionär' als Forderung angelangt ..." Claus Raidl spricht sich in diesem Interview auch deutlich für die Zerschlagung der Österreichischen Industrieholding aus: „Das beste Ziel ist, man löst die ÖIAG bis zum Jahr 2006 auf."

Doch nicht nur die Privatisierungen machen den wirtschaftlichen Erfolg aus, auch das Netz von Klein- und Mittelbetrieben stärkt Österreichs Unternehmenslandschaft. Denn in der Alpenrepublik ist der unternehmerische Mittelstand besonders ausgeprägt – mehr noch als in den anderen Ländern der Europäischen Union. Die KMU Forschung Austria, ein auf sozial- und wirtschaftswissenschaftliche Forschung mit Fokus auf kleine und mittlere Betriebe spezialisiertes Marktforschungsinstitut, hat dazu einige Schlüsseldaten erhoben.

So beschäftigen mehr als 210.000 Unternehmen zwischen Bregenz und Wien heute über 1,5 Millionen Österreicher und Österreicherinnen und erwirtschaften damit einen Gesamtumsatz von knapp 260 Milliarden Euro. 99,5 Prozent aller österreichischen Unternehmen zählen somit zu den KMU (Klein- und Mittelunternehmen). Diese stellen knapp 65 Prozent aller Arbeitsplätze und erwirtschaften 58 Prozent der Gesamterlöse. Sie haben mit jährlichen Investitionen von rund 16 Millionen Euro einen Anteil an den Bruttoinvestitionen der Alpenrepublik in Höhe von 55 Prozent. Ihre enorme gesamtwirtschaftliche Bedeutung wird durch eine weitere Zahl belegt: Laut einem Bericht des Rechnungshofes aus dem Jahr 1999 leisten Österreichs Klein- und Mittelbetriebe etwa 80 Prozent der Ertragssteuern und 70 Prozent des Umsatzsteueraufkommens. Dynamik und Leistungen der Betriebe sind umso bemerkenswerter, wenn man bedenkt, dass trotz wirtschaftlicher und konjunktureller Schwankungen die Zahl der KMU-Beschäftigten zwischen den Jahren1995 und 2003 um ganze acht Prozent gestiegen ist.

Um die Dimensionen noch schmackhafter zu machen, zum Vergleich ein paar Zahlen aus den EU-Statistiken der letzten Jahre: 2000 waren in der Europäischen Union rund 19,9 Millionen Unternehmen tätig, von denen 93,2 Prozent Kleinstunternehmen (mit weniger als zehn Beschäftigten) darstellten. Von den 117,9 Millionen Beschäftigten der EU waren 66,3 Prozent in Klein- und Mittelbetrieben tätig. Die Bedeutung der Mittelbetriebe als Arbeitgeber hat etwa gegenüber dem Jahr 1998 um 0,5 Prozentpunkte zugenommen. Gemessen an den Beschäftigtenzahlen liegen die Kleinstunternehmen in Griechenland, Italien, Spanien und Belgien deutlich über dem EU-Durchschnitt. Österreich hingegen hat im Vergleich dazu bei kleinen und mittleren Unternehmen die Nase vorn: Mit durchschnittlich elf Beschäftigten pro Unternehmen liegt die Alpenrepublik im europäischen

Vergleich an der Spitze, gefolgt von Irland, Luxemburg und den Niederlanden. Die durchschnittliche Beschäftigtenzahl innerhalb der EU liegt hingegen bei sechs. Schlüsselt man die Struktur der Klein- und Mittelbetriebe nach Sektoren auf, so ist der Handel mit 29 Prozent führend, an zweiter und dritter Stelle folgen die Bereiche Wirtschaftsdienstleistungen und Tourismus, an vierter Stelle liegt die Sachgütererzeugung, die den Hauptanteil der Beschäftigten stellt. Österreich ist also quasi zu einem Industrieland mit Vorzeigebetrieben mutiert, die zu den Herzstücken der österreichischen Wirtschaft geworden sind und somit auch ein Garant für Arbeitsplätze und Wohlstand. Und Österreichs Erfolg kann durchaus auch im europäischen Unternehmens-Wettbewerb mithalten. So befinden sich unter den 500 schnellst wachsenden Unternehmen Europas gleich 22 Unternehmen aus Österreich, die in den letzten drei Jahren 5.825 neue Arbeitsplätze und somit ein Umsatzwachstum von 1,246 Milliarden Euro generiert haben. Das zeigt die von der europäischen Unternehmerorganisation Entrepreneurs for Growth veröffentlichte Mittelstands-Rangliste „Europe‘s Top 500“, die von KPMG unterstützt wird. Zu den drei am schnellsten wachsenden österreichischen Unternehmen zählen der Leiterplattenhersteller AT&S Austria Technologie und Systemtechnik AG in Leoben, der Lift- und Gondelhersteller Doppelmayr Holding AG aus Wolfurt in Vorarlberg und der Anlagenbauer Andritz AG aus Graz. An die 59 Prozent der Unternehmen aus Österreich sind Mittelstandsunternehmen, 27 Prozent der 500 schnellst wachsenden Unternehmen Europas sind an der Börse gelistet, 32 Prozent beschäftigen über 1000 Mitarbeiter. Der Großteil, also 27 Prozent der österreichischen Unternehmen des Europe‘s Top 500 Ranking, ist in der Produktionsgüterindustrie tätig, gefolgt von den Bereichen Kommunikation & Elektronik und IT Services mit jeweils 18 Prozent. Ingesamt generierten die 500 schnellst wachsenden Firmen Europas in den vergangenen drei Jahren an die 130.000 neue Arbeitsplätze. Die Beschäftigungsrate und der Umsatz dieser Unternehmen wuchsen im Schnitt um 48 Prozent in drei Jahren und stiegen somit von 59,56 Milliarden Euro auf 88,45 Milliarden Euro an. In jedem Unternehmen der Europe‘s Top 500 sind im Durchschnitt gleich 796 Mitarbeiter beschäftigt, die einen Umsatz von knapp 177 Millionen Euro erwirtschaften. Diese Unternehmen sind aufgrund ihrer Leistungen für die Zukunft Europas wichtig. Sie sind in allen Wirtschaftszweigen tätig, wobei im letzten Jahr erstmals der Anteil der Dienstleister im Informationstechnologie-Bereich mit 22 Prozent über dem Anteil der Produktionsbetriebe mit 18 Prozent lag.

Als zentrale Wachstumshebel beurteilte übrigens eine Studie der Unternehmensberatung Roland Berger Strategy Consultants in Wien vor einiger Zeit die Unternehmensführung und klare Innovationsstrategie der alpenländischen Betriebe. In Österreich, so die Berater, werde Wachstum stärker von einzelnen Personen und von der Unternehmensleitung getrieben als in anderen Staaten. Die rot-weiß-roten Outperformer seien darüber hinaus besonders technologieorientiert und verfügen über fokussierte Innovationsstrategien. Denn: Unternehmen sind heute durch wirtschaftliche Rahmenbedingungen zu permanentem Wachstum gezwungen. Die alte V-Kurve – also gesundschrumpfen, dann wachsen – gilt heute nicht mehr, sagt Roland-Berger-Geschäftsführer Burkhard Schwenker. Gründe hierfür sind etwa die Interessen der Stakeholder[4]: Steigende Cashflows sind nur durch wachsende Umsätze zu erreichen, da Kostenpotenziale in den letzten Jahren weitgehend ausgereizt wurden. Auch die Größe der Betriebe und die fortschreitende Globalisierung spielen eine immer größer werdende Rolle. Als weitere Faktoren nennen die Roland-Berger-Consultants sinkende Margen aufgrund des steigenden Wettbewerbsdrucks und die Notwendigkeit, Mitarbeitern berufliche Perspektiven zu bieten. Wachstum sei heute mit Abstand einer der wichtigsten Motivationsfaktoren, da ein expandierendes Unternehmen interessantere Karrierechancen, höhere Aufgabenvielfalt, einen sicheren Arbeitsplatz und ein höheres Einkommen biete. In Österreich werde weiters der Unternehmensführung – also den Vorständen und Aufsichtsräten – im Vergleich zu anderen EU-Ländern eine überdurchschnittliche Bedeutung zuteil. Ein gutes Zeugnis stellen die Roland-Berger-Berater der Organisationsform österreichischer Unternehmen aus. So würden dezentrale Strukturen den Wachstumskurs der Betriebe noch stärker unterstützen. Dies sei ein wesentlicher Faktor, der heimischen Unternehmen sicher zugute komme. Generell werde in der Alpenrepublik Wachstumskultur gelebt.

Dass die Österreicher seit ihrem EU-Beitritt auch gute wirtschaftliche Kontakte zu ihren Nachbarn pflegen und daraus auch so manch erfolgreiche Partnerschaft entstand, sollen die folgenden beiden Beispiele beweisen.
Am 1. Januar 2004 unterzeichnete der österreichische Verkehrsminister eine Verordnung zur Inbetriebnahme der fahrleistungsabhängigen Maut für Fahrzeuge mit über 3,5 t höchst zulässigem Gesamtgewicht auf Österreichs Autobahnen und Schnellstraßen. Seit diesem Tag müssen Lkw in Österreich Maut bezahlen. Möglich machte dies mit ihrem Know-how die italienische Muttergesellschaft Autostrade, die in der Alpenrepublik im Jahr 2002 den Zuschlag für den Mauterrichtungsauftrag erhielt.
Der Zuschlag an den Betreiber Europpass, einem Tochterunternehmen der Autostrade, erfolgte – nach einer europaweiten Ausschreibung – im Juni 2002. Schon im August 2002 begannen die bis Juli 2004 dauernden Bauarbeiten für die Errichtung von 426 Mautportalen. Im Sommer 2003 lief auch der Vertrieb für die Maut-Boxen an, die für jeden Lkw zwecks Mauterfassung obligatorisch sind. Der Unterzeichnung der Inbetriebnahmeverordnung durch Verkehrsminister Hubert Gorbach war eine vierwöchige

durchgehende Testphase vorangegangen, in der das System nicht nur vom Auftraggeber und dem Partner Europpass, sondern auch von einem unabhängigen Gutachter geprüft wurde.
Zu den beteiligten österreichischen Firmen zählen im Wesentlichen etwa das Raiffeisen Informatik Zentrum, Kapsch TrafficCom, Master Management und Logotech. Die Einnahmen aus der österreichischen Maut für Lkw und Busse kommen, wie die übrigen Einnahmen der Asfinag, ausschließlich dem Bau, der Erhaltung und dem Betrieb der österreichischen Autobahnen und Schnellstraßen zugute.
Die Umsetzung des Systems fand in nur 18 Monaten statt. Für den Generaldirektor der Autostrade SpA mit Firmensitz in Rom, Vito Gamberale, ist der Maut-Start in Österreich ein Meilenstein in Europa: „Mit dem flächendeckenden Mautsystem im freien Verkehrsfluss haben wir unsere Rolle als führender Mautbetreiber in Europa bestätigt", trommelte er hernach vor Journalisten. Die Autostrade, die immerhin seit 50 Jahren 61 Prozent des italienischen Autobahnnetzes betreibt, ist übrigens auch auf den internationalen Märkten sehr aktiv. Mit Projekten in den USA („Dulles Greenway") und Großbritannien („Midland Express Midway") konnte der Konzern schon in der Vergangenheit einige Erfolge verbuchen.
Die Österreicher sind stolz auf die rasche Errichtung von mehr als 400 Mautstationen und den zügigen Aufbau des Vertriebsnetzes. Einzig die anfangs zögerlichen Bestellungen der Maut-Boxen, die die Fahrzeuge für die Mautabbuchungen benötigen, waren ihnen zu Beginn der Implementierung des Systems ein Dorn im Auge. An der Installation des Mautsystems waren zahlreiche Unternehmen beteiligt: Das Raiffeisen Informatikzentrum (RIZ IT) zeichnete für die Entwicklung und den Betrieb der Softwarelösungen für das Zentralsystem verantwortlich. Kapsch TrafficCom lieferte, installierte und betreibt die straßenseitige Mauttechnik: von

den Mautportalen bis zur Maut-Box. Logotech widmete sich der Logistik der Maut-Boxen zu den Vertriebsstellen und Master Management betreibt das Call Center mit der kostenfreien Hotline. Die Firmen Forster (Stahlbau), Wibeba (Stahlbau) und Strabag führten die Fundamentierung und Errichtung der Mautportale durch, Alpine/KEM errichtete die Daten- und Energieleitungen bei den Mautstationen. Diese Entwicklung zeigt, dass das italienisch-österreichische Mautsystem international akzeptiert und hoch geschätzt wird: Die Daten aus über einem Jahr Echt-Betrieb beweisen eindrucksvoll, dass Österreich weltweit über das effizienteste State-of-the-Art Mautsystem verfügt. Einige Zahlen zur Untermauerung: Derzeit nutzen 510.000 Lkw, Busse und sonstige Fahrzeuge über 3,5 t höchst zulässiges Gesamtgewicht aus 63 Ländern Österreichs hochrangiges Straßennetz. Mit 150.000 Verträgen führt Deutschland die Statistik klar vor Österreich mit 100.000 zugelassenen Maut-Boxen an.

Ein weiterer Paukenschlag auf dem Wirtschaftshimmel war im letzten Frühjahr die Übernahme der insolventen deutschen Walter Bau AG durch den österreichischen Baukonzern Strabag. „Deutsche Bauindustrie vor einem Umbruch", titelte noch im Januar 2005 die konservative Tageszeitung FAZ und spekulierte, eine Rettung des in Existenzgefahr geratenen Walter-Bau-Konzerns könnte der gesamten deutschen Baubranche ein neues Gesicht geben. Nach Informationen aus Unternehmenskreisen gebe es Überlegungen und offenbar schon informelle Gespräche, dass die österreichische Bauholding Strabag von Unternehmensgründer Ignaz Walter ein Aktienpaket erwerben wolle. Am 1. Februar 2005 war es schließlich so weit: Da hatte die Kerngesellschaft Walter Bau AG endlich Insolvenz angemeldet. Firmengründer Ignaz Walter hatte sich vom Aufsichtsratsvorsitz und aus dem Bauindustrie-Verband zurückgezogen. Die Walter-Aktie legte zunächst um bis zu 90 Prozent zu. Am Nachmittag lag sie noch mit rund 50 Prozent im Plus. Am nächsten Tag, dem 2. Februar, verlautbarten die Medien schließlich hochoffiziell, der österreichische Baukonzern Strabag werde große Teile des insolventen Konkurrenten Walter Bau übernehmen. 4100 der 9500 Walter-Mitarbeiter und ein Bauvolumen von 1,2 Milliarden Euro würden an das österreichische Unternehmen gehen. Dies bestätigten dann auch der vorläufige Walter-Insolvenzverwalter Werner Schneider und Strabag-Chef Hans Peter Haselsteiner vor Journalisten. Ein Kaufpreis für den Konzern wurde anfangs jedoch nicht genannt. „Das Angebot von Strabag war eindeutig das beste", tönte es aus den deutschen Medien. Die Österreicher hatten schon vor dem Insolvenzantrag ihr Interesse an Walter bekundet. Die deutsche Interessengemeinschaft Bau begrüßte die Transaktion als „wichtigen Schritt, Tausende von Arbeitsplätzen zu retten und die Arbeit auf den Baustellen fortzuführen". Der deutsche Wirtschaftsminister Wolfgang Clement sprach sogar von der Chance eines Neubeginns für die Mitarbeiter: „Mit einem schlagkräftigen Unternehmen im Rücken können sie sich ihren Platz im Markt sichern." Bei der Transaktion übernahm die Strabag die neu geschaffene Dywidag Holding, in der neben dem Verkehrswegebau Walter Heilit auch das internationale Geschäft (Dywidag International Group sowie die österreichische Tochter D&W) und das laufende Baustellengeschäft (Dywidag SF) gebündelt sind. Strabag-Chef Hans Peter Haselsteiner erklärte, das Kerngeschäft Verkehrswegebau sei eine ideale Ergänzung der Strabag-Aktivitäten, es gebe kaum Überlappungen. Dagegen soll die österreichische Walter-Tochter an einen anderen Investor weitergereicht werden. Nach Einschätzung von Haselsteiner kommt die österreichische Baufirma mit der Transaktion ihrem Ziel näher, einer der führenden europäischen Baukonzerne zu werden. Strabag ist heute zusammen mit der neuen Dywidag Holding und mit einem Bauvolumen von 3,8 Milliarden Euro der größte in Deutschland arbeitende

Baukonzern. Die Transaktion hat eine Strukturbereinigung der deutschen Bauindustrie eingeleitet. Um die Zukunft des profitablen Stuttgarter Baukonzerns Ed. Züblin könnte sich indes ein Bieterwettbewerb entwickeln. Sowohl die Strabag wie die Stuttgarter Familie Lenz wollen Walters Züblin-Anteil von 48 Prozent übernehmen, der bei der Bayerischen Landesbank als Sicherheit hinterlegt ist. 4,9 Prozent an Züblin hat die Strabag mit dem neuen Vertrag bereits übernommen, 42 Prozent an dem Konzern hält seit Jahren die Familie Lenz. Sie will nach Worten eines Sprechers „noch in dieser Woche" gemeinsam mit einem internationalen Investor, der kurzfristig bekannt gegeben werden soll, mit der Bayern Landesbank über die Übernahme der Mehrheit an Züblin verhandeln. „Die Familie Lenz ist weiterhin am Erhalt der Eigenständigkeit von Züblin interessiert", sagte ein Unternehmenssprecher. Strabag-Chef Haselsteiner hatte dagegen erklärt, die Münchener Bank habe „positive Signale" für einen Verkauf des Züblin-Anteils an die Strabag ausgesendet. Die Bayern Landesbank wollte sich dazu nicht äußern. „Wir würden uns wünschen, daß die Familie Lenz investiert bleibt. Wenn nicht, werden wir einen anderen Großinvestor einladen", sagte Haselsteiner.

Wie sagten doch die Wiener Roland Berger Strategy Consultants? Wachstum heißt, die richtigen Maßnahmen zur richtigen Zeit zu setzen. Sparen mag vorübergehend die Existenz des Unternehmens sichern, aber kann immer nur eine kurzfristige Strategie darstellen. Im schlimmsten Fall verharrt ein Unternehmen in der Spirale des Gesundsparens. Im besten Fall sind Einsparungen und Investitionen aufeinander abgestimmt und werden parallel zueinander getätigt. Denn mittel- und längerfristig muss ein erfolgreiches Unternehmen in der Lage sein, Kapital zu generieren und Wachstum zu ermöglichen. Und ein weiterer Gedanke der Berater: Auch die Zusammenarbeit zwischen erfolgreichen Unternehmen führt zu einer Win-Win-Situation. Denn Unternehmen können Kapazitäten in der Produktion teilen oder die Zusammenarbeit im Bereich Forschung & Entwicklung intensivieren. In der Automobilindustrie und im Pharma-Bereich gibt es eine Reihe guter Beispiele. Auch die Definitionen von gemeinsamen Standards zur Festlegung von verbindlichen Qualitätskriterien haben sich in der Praxis bewährt. Kooperationen sind eine solide Wachstumsbasis. Gerade in der Hightech-Industrie hat sich in den letzten Jahren gezeigt, dass die Gründung von Netzwerken zu einem wichtigen Erfolgsfaktor geworden ist. Und zu guter Letzt: Erst mit dem Fokus auf das Kerngeschäft, die Kernkompetenz, ist ein hoher Spezialisierungsgrad möglich. Der Konzentrationsprozess setzt Kapital frei und erhöht die Produktivität. In weiterer Folge wird dann auch die Marktposition gestärkt und es können höhere Gewinnspannen erzielt werden. Das dabei freigesetzte Kapital wird dann wiederum in Expansionsmaßnahmen re-investiert. Unternehmen müssen heute einfach bereit sein zu wachsen, sagen die Roland-Berger-Consultants. Das sei vor allem ein kultureller Prozess. Denn Veränderung bedeute, offensiv zu agieren. Wichtig sei dafür aber vor allem ein Management, dem es gelinge, überzeugend anzutreten. Die österreichischen Top-Unternehmen zeichnen sich, laut einer Studie von Roland Berger Strategy Consultants, vor allem durch dezentrale Organisation mit flachen Hierarchien aus, sie würden unternehmerisches Denken der Mitarbeiter fördern und damit kürzere Reaktionszeiten ermöglichen. Das Erfolgsrezept der österreichischen Betriebe lautet demnach: aus Mitarbeitern Unternehmer zu machen. Das können die Österreicher.

8. Volkswirtschaft: Einblicke und Ausblicke

Was sich die Deutschen von 2006 erwarten. Was Österreich besser kann als seine deutschen Nachbarn. Österreichs Wirtschaftszahlen 2006 und Prognosen.

Januar 2006. Während Bundeskanzlerin Angela Merkel am ersten Sonntag des neuen Jahres die Nachbarn in Österreich besucht und den Klängen von Mozart und den Brüdern Strauß beim Neujahrskonzert im Wiener Musikvereinssaal lauscht, tippen Redakteure des Düsseldorfer „Handelsblatts“ bereits an einer Story für die Montagausgabe, die den Bundesbürgern mehr Mut machen soll. „Deutschland hat gut lachen“, lautet die Headline. So beginnt dann auch der Artikel – eine Umfrage unter 1212 Spitzenmanagern aus Deutschland, Großbritannien, Frankreich, Italien sowie erstmals aus Österreich und der Schweiz im Auftrag des Meinungsforschers Droege und Comp. und des „Handelsblatts“ selbst liefert die Basis – mit den pathetischen Worten: „Die Bundesrepublik startet auf der Überholspur in das neue Jahr – zumindest aus dem Blickwinkel europäischer Top-Manager.“ Der „Business-Monitor International“ des „Handelsblatts“ ist eine halbjährlich erscheinende, repräsentative Umfrage. Diesmal jedoch gibt es, nach all den Negativschlagzeilen über die Wirtschaftspolitik in der Bundesrepublik der letzten Monate, endlich eine positive Nachricht zu vermelden.

Die befragten EU-Top-Manager bewerten die internationale Wettbewerbsfähigkeit Deutschlands 2005 nämlich besser als in den Jahren davor. Konkret kommt die Bundesrepublik auf einer Skala von eins (sehr gut) bis fünf (sehr schlecht) nun auf eine Durchschnittsnote von 2,8, nach 2,9 im Jahr 2004 und 3,4 im Jahr 2003. Nur die Schweiz, Großbritannien und die Alpenrepublik Österreich rangieren mit der Note 2,6 auf einem etwas höheren Niveau.

Deutschlands Führungskräfte sind laut „Handelsblatt"-Artikel ebenfalls zuversichtlicher für ihren Standort: Nach Note 3,3 im Jahr 2004 bewerten sie die Wettbewerbsfähigkeit Deutschlands im letzten Jahr mit 3,1. Das stimmt selbst Deutschlands Ökonomen fröhlich. So etwa den Europachefvolkswirt der Deutschen Bank in London, Thomas Mayer. Er streute im „Handelsblatt"-Statement seinem Land gleich ein Dutzend Rosen: „Deutschland hat im Hinblick auf die Wettbewerbsfähigkeit die meisten Fortschritte gemacht im Vergleich zu anderen Ländern der Euro-Zone." Das Land sei mit hohen Lohnkosten der Währungsunion beigetreten, doch nun hätten die Unternehmen kräftig restrukturiert und so die eigene Wettbewerbsfähigkeit gestärkt. Auch die Weltbank schloss sich den Positivnachrichten an und bemerkte, in Deutschland hätten sich die Rahmenbedingungen für Unternehmen 2004 so deutlich verbessert wie in keinem anderen hoch entwickelten Industrieland. Daraus schließt das „Handelsblatt": Um die Binnennachfrage in Deutschland zu stärken, müssten die wirtschaftspolitischen Reformen weiter vorangetrieben werden. Gelingt das im Jahr 2006, dann kommt der „Merkel-Aufschwung", wie es der Vorsitzende des Sachverständigenrats zur Begutachtung der gesamtwirtschaftlichen Entwicklung, Bert Rürup, im Dezember 2005 noch prognostiziert hat. Das scheint auch aus Sicht der befragten deutschen Manager nicht ausgeschlossen zu sein. Im Gegenteil: Als man sie nach den Auswirkungen der neuen Bundesregierung unter Kanzlerin Angela Merkel befragt, sind sie sich einig über deren positiven Einfluss auf die Wettbewerbsfähigkeit Deutschlands. Immerhin erwartet jeder zweite deutsche Manager, dass die große Koalition das deutsche Wachstum beschleunigen werde. Und Droege & Comp.-Geschäftsführer Christian Horn wird im „Handelsblatt" mit folgender kryptischer Meldung zitiert: „Deutschland steht an einer wichtigen Weggabelung. Nach den Programmen erwarten

die Betriebe nun Taten. Die positive Stimmung sei eine Chance. Die Politik sollte sie nicht vertun."
Ein Artikel des „Spiegel" in der ersten Januar-Ausgabe des Jahres 2006 schlägt ebenfalls in diese positive Stimmungsmache-Kerbe: „Optimismus als Regierungsprogramm", lautete der Titel der Story über den neuen wirtschaftspolitischen Weg der Deutschen: „Zuversichtlich wie lange nicht gehen Deutschlands Manager ins neue Jahr" der erste Satz. Von BASF bis Siemens, von SAP bis Metro, Deutschlands Top-Manager sprechen aus, was bei den Nachbarn in Österreich seit sechs Jahren an der Tagesordnung ist: Optimismus ist wieder angesagt. Neue Kanzlerin, neuer Mut, möchte man fast sagen. „Immerhin, die Stimmung ist gut – besser jedenfalls als die derzeitige Lage", resümieren die Hamburger „Spiegel"-Redakteure und fügen augenzwinkernd eine richtungweisende Begebenheit hinzu: Einen ersten Erklärungsversuch hatte Kanzlerin Merkel bereits in den ersten Tagen des Jahres 2006 unternommen. In zahlreichen Tageszeitungen und Zeitschriften veröffentlichte sie einen Brief mit den besten Neujahrswünschen der neuen Bundesregierung. Viel Konkretes wollte die Regierungschefin allerdings auch diesmal noch nicht verraten; das Prinzip Hoffnung soll einstweilen reichen. Merkel: „Überraschen wir uns damit, liebe Bürgerinnen und Bürger, was möglich ist und was wir können."

Deutschland soll es wieder gut gehen, das wünscht sich vor allem der kleine EU-Nachbar namens Österreich. Jahrelang hat sich die Alpenrepublik an den Deutschen, ihrer Politik und ihrer Wirtschaft orientiert; dem Land nachgeeifert, wie es ein kleiner Dackel bei seinem Herrchen macht. Doch seit ein paar Jahren haben die Alpenrepublikaner überraschenderweise die Nase vorn und schreien es auch lauthals hinaus – ohne Genierer. Kurz: Wir sind wieder wer. Wir trauen uns endlich etwas und haben den Mut, den eingeschlagenen Weg

weiter zu gehen. Aber auch hierzulande hat alles mit positiver Stimmungsmache begonnen.
Dass Deutschland heute dringend eine positive Stimmung benötigte, war klar. Dass die neue Bundesregierung versuchen wird, mit positiven Zeitungsmeldungen die Bevölkerung zu motivieren und zu einer optimistischeren Einstellung zu bewegen, ebenso. Österreich hat es nicht viel anders gemacht. Vielleicht ist es ja sogar ein Vorbild für die Nachbarn im Norden. Man kann sich aus Selbstbewusstsein ja durchaus sogar einmal etwas trauen.
Die Alpenrepublik startete übrigens ins neue Jahr mit einer Zukunftsprognose der Roland Berger Strategy Consultants, die Österreich bis zum Jahr 2015 „globalisiert, innovativ und serviceorientiert" sehen. Doch die Herren von Roland Berger streuen den Alpenrepublikanern durchaus nicht nur Rosen. Der Wirtschaftsstandort Österreich werde sich zwar trotz härter werdenden Wettbewerbs auch künftig behaupten können, doch „die Rückkehr zur Gemütlichkeit, wie sie in der Zeit vor dem EU-Beitritt und der Globalisierung herrschte, sei nicht zu erwarten". Natürlich will der Chef von Roland Berger Österreich, Manfred Reichel, niemanden verschrecken. Zunächst also die „positive Nachricht": Die kommenden zehn Jahre, so Reichel, werden für Österreich strukturell eine besondere Herausforderung darstellen. Heimische Unternehmen müssen die „Thermik" aus Osteuropa weiter nutzen, um eine Antwort auf den zunehmenden Druck aus Asien zu finden. Die wirtschaftliche Entwicklung im Fernen Osten ist für heimische Unternehmen mittlerweile ein wichtigerer Wachstumsfaktor als das BIP-Wachstum im Heimmarkt selbst. Deshalb schenkt Manfred Reichel gleich reinen Wein ein: Für Österreichs Unternehmen bedeutet das, dass sich Standort- und Unternehmenswachstum zunehmend entkoppeln werden. Die Bedeutung Österreichs als Absatzmarkt und Unternehmensstandort wird für diese Unternehmen weiter zurückgehen. Alpenländische Betriebe

werden international immer offensiver agieren und dadurch wachsen – aber eben nicht mehr in Österreich.
Auf den Staat, so der Roland-Berger-Mann, kommt künftig auch eine ganze Reihe von neuen Herausforderungen zu: etwa die Entwicklung des Humankapitals. Der Staat müsse die Menschen bilden und bewegen. Und die Österreicher selbst sollten, so Reichel, Soft Skills, wie interkulturelles Management, Komplexitätshandling und Personalentwicklung, erlernen. In den meisten alpenländischen Unternehmen werde überdies Englisch als Arbeitssprache demnächst Realität werden.

Um Entscheidungshilfen für Unternehmen, Anleger und Politiker zu entwickeln, begab sich die Deutsche Bank Research im vergangenen Jahr auf die Suche nach den „Globalen Wachstumszentren" für die Zeit bis zum Jahr 2020. Laut der Studie werde Österreich allerdings in den kommenden 15 Jahren mit 2,1 Prozent ein stärkeres Wirtschaftswachstum als sein Nachbar Deutschland mit 1,5 Prozent aufweisen. Für Europa befinden sich im Übrigen neben Spanien nur Frankreich und Österreich auf den vorderen Plätzen in der Wachstumsrangliste. Hier wirken, so die Researcher der Deutschen Bank, solides Bevölkerungswachstum und starke fundamentale Faktoren zusammen. Italien verhilft ein kräftiger Anstieg des Humankapitals zu starkem Pro-Kopf-Wachstum. Deutschland belegt mit 1,5 Prozent einen unteren Rang, und die Schweiz bildet mit 0,7 Prozent das Schlusslicht.
Nach der Hektik und Kurzatmigkeit der Hochphase der New Economy und den Krisen einiger Schwellenländer in den letzten zehn Jahren suchen Unternehmensstrategen und Politiker wieder vermehrt nach fundierten Analysen für einzelne Unternehmen und vor allem für ganze Volkswirtschaften, bestätigt auch die Research-Abteilung der Deutschen Bank. Investitionsprojekte der Unternehmen haben in der Regel eine Laufzeit von zehn Jahren und mehr – im öffentlichen

Sektor oft deutlich mehr. Langzeitplanung ist daher notwendig. Langfristige Wachstumsprognosen sind heute eine wichtige Entscheidungshilfe – wenn auch nicht die einzige. Auch die Wirtschaftspolitik interessiert sich für langfristige Wachstumsanalysen, da sich daraus konkrete Handlungsanweisungen ableiten lassen: Welche Maßnahmen kann die Politik von Land X ergreifen, um Wachstumsraten wie in China zu ermöglichen? Aber auch: Welche Länder können im Jahr 2020 mit mehr Wirtschaftskraft auch mehr Mitsprache in geopolitischen Fragen beanspruchen? Ebenfalls von Bedeutung sind fundierte Langzeitprognosen für die Konjunkturanalyse: die Potenzialwachstumsrate ist Ausgangspunkt aller Konjunkturprognosen. Ob hohes Wachstum in einem Land zu Überhitzungserscheinungen und einem anschließenden Abschwung führt, ist mit einer fundamental gut abgesicherten Einschätzung des Potenzialwachstums besser zu beantworten.

Erschwert wird die Langzeitprognose dadurch, dass die Gewinner der vergangenen zehn Jahre nicht die Gewinner der nächsten zehn Jahre sein müssen. Wer hätte im Jahr 1991 gedacht, dass Japan vor einer Dekade der Stagnation stehen würde? Wer hätte im selben Jahr das beeindruckende Wiedererstarken der USA prognostiziert?

Hohes Wachstum muss über komplizierte Prozesse hart erarbeitet werden. Unterschiede in den länderspezifischen Ausgangsbedingungen sind die Erklärung dafür, dass es *den* Königsweg nicht gibt.

Natürlich gibt es für Österreich nach sechs Jahren Aufwind immer noch gute Wirtschaftsnachrichten. So gehört, laut einer Studie der Weltbank über die Verteilung des Reichtums, die Alpenrepublik sogar zu den zehn reichsten Ländern der Welt. Mit einem errechneten Pro-Kopf-Reichtum von 493.080 Dollar (400.455 Euro) liegt sie derzeit sogar an siebenter Stelle.

Das reichste Land ist laut Studie dann aber die Schweiz mit 648.241 Dollar, gefolgt von Dänemark und Schweden. Auf den weiteren Plätzen rangieren die USA vor Deutschland und Japan. Auf Österreich mit Platz sieben folgen Norwegen, Frankreich und Belgien sowie Luxemburg. Während die reichsten Länder im Norden der Erdkugel liegen, finden sich sieben der ärmsten acht im südlichen Afrika. Das Armenhaus der Welt ist übrigens Äthiopien mit einem Pro-Kopf-Reichtum von lediglich 1.965 Dollar. Es liegt somit hinter Burundi, Niger und dem Himalaja-Land Nepal an letzter Stelle. Auch Guinea-Bissau, Mosambik und der Tschad haben pro Kopf weniger als 5.000 Dollar Vermögen.
Die Weltbank-Studie hat nicht, wie sonst bei Wirtschaftsvergleichen üblich, das Bruttoinlandsprodukt (BIP) pro Kopf oder die Quote des Wirtschaftswachstums verglichen, sondern versucht den gesamten Reichtum eines Landes wie die natürlichen Rohstoffe, Wälder, Fischbestände, die Nachhaltigkeit der Wirtschaft, Umweltschutz und die Fähigkeiten der Bevölkerung (Sozialkapital) sowie das Bildungssystem und die Regierungsführung über Indizes zu berechnen.
Dabei zeigt sich, dass die Bedeutung der Rohstoffe für den Reichtum in den wohlhabenden Ländern im Allgemeinen sehr gering ist, während in den ärmeren die natürlichen Ressourcen eine wesentlich wichtigere Rolle spielen. Rohstoffe machen nur ein Prozent des Reichtums aus.
Auch in Österreich tragen die natürlichen Rohstoffe nur mit einem Prozent zum Reichtum bei, das Produktionskapital mit 15 Prozent und das immaterielle Kapital stellen 84 Prozent des Landesvermögens. Als Ausnahme sticht etwa das ölreiche Norwegen als achtreichstes Land der Erde hervor; hier tragen die Ressourcen zwölf Prozent zum Reichtum bei.
Kirk Hamilton, einer der Autoren der Weltbank-Studie „Wo ist der Reichtum der Nationen?“, verweist auf die Bedeutung der Nachhaltigkeit. Wenn ein Haushalt Monat für Monat sein Bankkonto anknabbert oder Güter wie Auto und Vieh

veräußern muss, nur um Essen auf den Tisch zu bringen, dann sei das kein nachhaltiges Wirtschaften.
Dasselbe gelte für Nationen im Ganzen: Bei einer negativen Netto-Sparquote verringere sich der nationale Reichtum, und der Entwicklungsweg sei nicht nachhaltig, meint Hamilton. Auch ein hohes Bevölkerungswachstum wirke sich negativ aus. Während es bei den Entwicklungsländern bezüglich Nachhaltigkeit zahlreiche negative Beispiele gebe, hebt die Weltbank auch positive Exempel hervor. In Botswana etwa wurden die natürlichen Diamantenvorkommen gezielt genutzt, um Schul- und Gesundheitswesen sowie Infrastruktur zu finanzieren und damit eine hohe Wachstumsrate zu unterstützen. In Mauretanien wurden die Chancen der Bevölkerung durch bessere Nutzung der Fischbestände verbessert.
Laut einer Studie zur Unternehmensfreundlichkeit, die die Weltbanktochter International Finance Corporation (IFC) durchgeführt hat, rangiert Österreich auf dem 32. Rang von 155 untersuchten Ländern. Das unternehmerfreundlichste Klima hat demnach Neuseeland, gefolgt von Singapur, den USA, Kanada und Norwegen. Besonders kritisch betrachtet wurden an Österreich die starken Beschränkungen auf dem Arbeitsmarkt. Beim Außenhandel dagegen erreichte die Alpenrepublik den ausgezeichneten achten Platz.

„Österreich ist eines der wenigen Erfolgsmodelle, das nicht nur einen erheblichen Rückstand im Pro-Kopf-Einkommen aufgeholt hat, sondern dem es auch gelungen ist, nach dem Aufholprozess einen Vorsprung zu erarbeiten", mit diesen Worten begann der Wiener Wirtschaftsforscher Karl Aiginger im vergangenen Jahr seinen Vortrag zum Thema „Die Zukunft Österreichs in Europa". Aiginger charakterisierte darin sehr treffend den Wirtschaftserfolg des kleinen Landes Österreich.
Der Rückstand Österreichs gegenüber Deutschland im Bruttoinlandsprodukt pro Kopf betrug 1960 über 20 Prozent.

Länder wie Dänemark, Niederlande, Schweden und Großbritannien hatten damals einen noch größeren Vorsprung, nur die südlichen Länder Europas und Irland lagen hinter Österreich. Heute ist das westdeutsche Niveau erreicht, wahrscheinlich um rund drei Prozent überschritten, so Aiginger weiter. Gegenüber dem heutigen „Gesamtdeutschland" erreicht Österreich einen Vorsprung im Pro-Kopf-Einkommen von über zehn Prozent, laut EU-Statistik sind es sogar 14 Prozent. Auch nach anderen Leistungsindikatoren wie etwa Beschäftigung und Budget liegt Österreich günstiger als Deutschland, so dass der Vorsprung in einem breiter gefassten „Wirtschaftserfolg" größer ist als nach dem Wachstumsvergleich. Die Wachstumsrate Österreichs liegt im Übrigen seit zehn Jahren zwischen einem halben und einem ganzen Prozent höher als in Deutschland, so dass sich der Vorsprung Österreichs kontinuierlich vergrößert. Gegenüber dem übrigen Europa liegt das Pro-Kopf-Einkommen Österreichs um zehn Prozent höher, und es ist um 20 Prozent höher als in den Ländern der EU-25. Gegenüber den USA besteht allerdings ein Rückstand im Pro-Kopf-Einkommen von über 20 Prozent.

Wirtschaftsforscher Karl Aiginger sieht drei Kernelemente, die zum wesentlichen Wirtschaftserfolg der Alpenrepublik beigetragen haben. Dazu zählt die „Öffnung mit Augenmaß und Augenzwinkern". Der Außenhandel wurde früh liberalisiert, das Mitwirken in der OECD und im europäischen Integrationsprozess wurde aktiv angepeilt, die Kontakte zu den ehemaligen osteuropäischen Ländern wurden forciert. In den 90er Jahren begann dann schlussendlich die Globalisierung Österreichs. Der Export in die Erweiterungsländer stieg von drei auf 13 Prozent (1990 bis 2005).

Ein weiteres Element für den wirtschaftlichen Erfolg der Ösis ist die Sozialpartnerschaft: Die Sicherheit der Unternehmer, Gewinne zu erwirtschaften und die Sicherheit der Arbeitsplätze erhöhten die Bereitschaft für neue Techniken,

Produkte, Märkte und in Höherqualifikation zu investieren. In einem Klima der Sicherheit und der Kooperation gibt es immer wieder pragmatische Lösungen. Kommt es etwa zu Streiks, setzen sich die Arbeitnehmer und Unternehmer auf Betriebsebene zusammen, um zu besprechen, wie diese ohne Produktionsausfall ablaufen könnten.
Das dritte wichtige Element betrifft die Investitionsquote und den Technologieimport. Aiginger dazu: Österreich war immer ein Land mit einem hohen Anteil der Investitionen am Bruttoinlandsprodukt. Besonders in der Bauwirtschaft ist viel getan worden in den letzten Jahren. Die innerösterreichische Infrastruktur ist gut ausgebaut, die Versorgung mit Energie funktioniert seit Jahrzehnten problemlos. Ausländische Firmen haben in Österreich investiert wegen der niedrigen Lohnkosten und weil die Ausbildung der Fachkräfte anerkannt war. Eine negative Bilanz der Direktinvestitionen[5] war die Folge davon, ebenso wie ein hoher Import von Investitionsgütern[6] und ein relativ niedriger Unit Value[7] der Exporte. Heute, so Aiginger, sind alle drei Defizite – Handels-, Direktinvestitions- und Qualitätsbilanz – beseitigt. Das als nationales Charakteristikum angesehene Handelsbilanzdefizit[8] ist geschmolzen, die Exporte sind nun höherwertiger als die Importe. Österreich ist außerdem ein Großinvestor in Zentral-, Ost- und Südosteuropa: Die Direktinvestitionsbilanz ist ausgeglichen. Die steuerlichen Abschreibungen sind großteils eliminiert, die Förderung von neuen Betriebsstandorten ist an die Grenzen der Regionalkulisse gebunden und Energie ist nicht mehr billiger als in anderen Standorten.

Das Wirtschaftsforschungsinstitut (WIFO) hat unter seinem Leiter Karl Aiginger für die Alpenrepublik eine Wirtschaftsprognose für die kommenden Jahre erstellt.
Österreich hat nicht nur den Rückstand im Pro-Kopf-Ein-

kommen aufgeholt, sondern auch einen etwa zehnprozentigen Vorsprung gegenüber dem Durchschnitt der EU-15 herausgearbeitet. Die Frage des Wirtschaftsforschers lautet daher, ob dieser Vorsprung angesichts der neuen Europa- und weltweiten Konkurrenz gehalten – oder sogar ausgebaut werden kann.

Das WIFO erwartet in seiner Prognose für Österreich bis zum Jahr 2009 ein mittelfristiges Wachstum von 2,3 Prozent. Dabei liegt dieses Wachstum sogar etwas höher als im übrigen Euroraum, wo es 2,1 Prozent beträgt. Der Grund dafür liegt im Strukturwandel und in der starken Expansion der neuen EU-Mitgliedsländer, aber auch der südosteuropäischen Länder. Das Wachstum ist aber nicht stark genug, um die Arbeitslosenrate zu senken: Diese steht bei 4,5 Prozent laut EU-Berechnungen und bei 7,1 Prozent laut österreichischen Statistiken. Das bedeutet in absoluten Zahlen einen Anstieg von 247.000 im Jahr 2005 auf 260.000 im Jahr 2009. Die Beschäftigtenzahl steigt mit 0,9 Prozent jährlich um knapp 30.000. Aiginger fordert daher, dem Thema „Wachstum“ Priorität zu geben, denn „ohne Wachstum von mehr als 2,5 Prozent wird die Arbeitslosigkeit nicht sinken, das Budget mittelfristig nicht ‚close to zero‘ kommen, das Pensionssystem nicht nachhaltig stabilisiert sein“.
Eine wesentliche Unterstützung für eine österreichische Wachstumsstrategie könnte von einer Forcierung des Wirtschaftswachstums in den Nachbarländern und in der EU insgesamt kommen. Im März 2000 haben die EU-Staats- und Regierungschefs in Lissabon beschlossen, die EU bis zum Jahr 2010 zur „wettbewerbsfähigsten und dynamischsten wissensbasierten Wirtschaft der Welt“ zu machen. Ein rascher und effizienter Ausbau der europäischen Infrastruktur und die Forcierung der Lissabon-Strategie in allen EU-Mitgliedsländern wäre aus der Sicht des Wirtschaftsforschers sehr hilfreich.

Österreich befindet sich an der Wegkreuzung zwischen alten Strukturen und neuen Anforderungen. Diese neuen Anforderungen für eine Wachstumsstrategie lauten Forschung, Ausbildung, Weiterbildung, Infrastruktur, Arbeitsmarktreformen, Betriebsgründungen und Umwelttechnologie. Die Lage Österreichs in der Mitte des europäischen Wirtschaftsraumes und seine Nähe zu den dynamischen Wirtschaften der Erweiterungsländer, die Nähe zum erwachenden Wirtschaftsraum des Balkans und zur Dynamik des Rings von aufstrebenden Ökonomien bietet extreme Chancen, aber auch Risiken. Da neben Wien auch Bratislava, Prag, Györ und Budapest als Zentren des wachsenden Wirtschaftsraumes gewählt werden können, sind rasche und energische Anstrengungen nötig. So lautet die Prognose des Wirtschaftsforschungsinstituts für die kommenden Jahre.

Für das Wirtschaftsjahr 2006 haben sowohl das WIFO als auch des Institut für höhere Studien (IHS) für Österreich positive Nachrichten: Für dieses Jahr erwarten beide Institute eine Steigerung des Bruttoinlandsproduktes um 2,3 bis 2,4 Prozent. „Das Tempo ist gering, aber es geht langsam wieder hinauf", sagt WIFO-Chef Karl Aiginger. Die heimische Exportwirtschaft belebt sich seit dem Sommer 2005 merklich. Österreich ist vor allem als Industriezulieferer nach Deutschland und den anderen europäischen Ländern begünstigt, die bei anhaltend starker Weltkonjunktur von steigenden Auftragseingängen aus den erdölproduzierenden Ländern und der Abwertung des Euro gegenüber dem Dollar profitieren.
Das Wachstum des Warenexports sollte sich im Jahr 2006 aufgrund zusätzlicher Impulse aus Deutschland weiter beschleunigen und real 6,5 Prozent erreichen. Die Anhebung des allgemeinen Satzes der deutschen Mehrwertsteuer von 16% auf 19% mit 1. Jänner 2007 wird umfangreiche Vorziehkäufe an dauerhaften Konsumgütern, vor allem an Pkw, auslösen. Wegen des Booms der deutschen Autohersteller

wird Österreichs erfolgreiche Zulieferindustrie wesentlich höhere Auftragseingänge verzeichnen. Somit könnte die Wertschöpfung der heimischen Sachgütererzeugung im Jahr 2006 um real 4,3% steigen.

Die Wirtschaftsforscher geben aber Folgendes zu bedenken: Für den weiteren Konjunkturverlauf ist entscheidend, ob sich die Gewinne der Exportunternehmen in einer Ausweitung der Investitionstätigkeit niederschlagen. Für diese Entwicklung sind erste Anzeichen zu beobachten: Gemäß einem vom WIFO erstellten „Investitionstest" vom Herbst 2005 hat sich in der Kraftfahrzeug- und Stahlindustrie ebenso wie im Maschinen- und Anlagenbau die Stimmung gedreht. Die Unternehmen schieben Investitionsprojekte nicht weiter auf, sondern planen deren Umsetzung. Die Ausrüstungsinvestitionen könnten im Jahr 2006 um drei Prozent höher sein als im Jahr 2005. Auch die Bauwirtschaft beurteilt ihre Auftragslage optimistisch, die Bauinvestitionen dürften im Jahr 2006 um 2,5 Prozent zunehmen.
Die gegenwärtige Konjunkturerholung kann in einen Konjunkturaufschwung übergehen, wenn auch Einkommen und Konsumnachfrage der privaten Haushalte von der Aufwärtstendenz erfasst werden, sagt WIFO-Chef Karl Aiginger. Dafür gibt es aber bislang noch keine Anzeichen, auch wenn das Weihnachtsgeschäft im Einzelhandel günstig verlaufen ist. Der reale Konsum der privaten Haushalte wuchs seit dem Jahr 2000 um nur ein Prozent pro Jahr, halb so rasch wie im langfristigen Durchschnitt. Das war vor allem auf schwache Reallohnsteigerungen und den Anstieg der Sparquote zurückzuführen – sie erreichte im Jahr 2005 gleich 9,4 Prozent der verfügbaren Einkommen. In den Jahren 2006 und 2007 dürfte die Konsumnachfrage um knapp zwei Prozent über dem Vorjahreswert liegen – zu wenig, um einen kräftigen Beitrag zum Wirtschaftswachstum zu leisten. Begünstigt wird die leichte Verbesserung im Konsum von etwas höhe-

ren Lohnabschlüssen und einer Verlangsamung des Preisauftriebs. Die Inflationsrate wird 2006 und 2007 bei jeweils 1,9 Prozent liegen, sofern sich die Rohölnotierungen auf den Weltmärkten wie erwartet beruhigen. Eine Übertragung des Anstiegs der Energiepreise auf die Preise anderer Güter und Dienstleistungen ist bisher nicht zu verzeichnen.

Die Zahl der unselbstständig Beschäftigten wird sich in Österreich laut WIFO im Jahr 2006 weiter kräftig erhöhen, und zwar um 34.000 auf 3,1 Millionen. Die Hälfte des Zuwachses wird auf ausländische Arbeitskräfte entfallen, meinen die Wirtschaftsforscher. Weiterhin steigen soll vor allem die Zahl der Arbeitsplätze für Frauen in Dienstleistungsbranchen. Allerdings entwickelt sich die Beschäftigung auch in typischen Männerbranchen mit Vollzeitarbeitsplätzen günstiger: In der Bauwirtschaft etwa nimmt die Beschäftigung erstmals seit dem Jahr 1997 zu. Auch in der Sachgütererzeugung werden im Jahr 2006 nur wenige Arbeitsplätze verloren gehen, der beträchtliche Produktionszuwachs wird mit einer starken Steigerung der Stundenproduktivität von 4,5 Prozent pro Jahr bewältigt. Für heuer ist für aktive Arbeitsmarktpolitik eine Aufstockung der Mittel um ein Drittel vorgesehen. Die verbesserte Qualifizierung von Arbeitslosen, vor allem von „Problemgruppen", wie Wiedereinsteigerinnen und Jugendliche, ist wichtig. Teilnehmer an Schulungen werden nicht als arbeitslos gezählt, deshalb wird die Arbeitslosenquote nicht weiter steigen. Sie verharrt auf dem hohen Niveau von 7,2 Prozent der unselbstständigen Erwerbspersonen laut traditioneller österreichischer Berechnung bzw. 5,2 Prozent der Erwerbspersonen laut EU-Statistik.
Das Defizit des öffentlichen Haushaltes dürfte heuer unter der Schwelle von zwei Prozent des BIP bleiben. Einerseits entwickeln sich die Einnahmen an Gewinnsteuern günstiger als angenommen, und die Verwaltungsreform bringt eine Entlastung; andererseits werden zusätzliche Ausgaben

für Personalkosten, Pensionen, Arbeitsmarkt-, Forschungs- und Bildungspolitik wirksam. Kurzfristige Risken für die WIFO-Prognose gehen von der Volatilität der Erdölpreise und des Wechselkurses zwischen Euro und Dollar aus. Vorzieheffekte in Deutschland und Einmalereignisse in Österreich (wie etwa der EU-Vorsitz) beleben heuer das heimische BIP. Im kommenden Jahr könnte sich dagegen ein leichter Rückschlag ergeben, der durch den notwendigen Abbau des hohen Defizits des öffentlichen Haushaltes verstärkt wird. Der Ausblick auf das Wirtschaftswachstum im Jahr 2007 muss, so die Wirtschaftsforscher des WIFO, derzeit noch vage bleiben: „Es könnte bei real etwa zwei Prozent liegen. Die Konjunkturdynamik könnte stärker ausfallen als hier unterstellt, wenn die Investitionen kräftig anziehen, Qualifizierungs- und Forschungsimpulse anhalten, die verfügbaren Einkommen der privaten Haushalte merklich zunehmen und die Konsumnachfrage ihre langjährige Schwächephase überwindet."

Schenkt man den Wirtschaftsforschern Glauben, so bleibt Österreichs Wirtschaft in den kommenden Jahren auf einem Erholungspfad. Die Ösis selbst nehmen es gelassen. Denn schon seit Generationen hat die österreichische Mentalität nur wenig Vertrauen in die eigene Wirtschaftskraft gezeigt. Die Wurzel dieses nationalen Komplexes liegt in der Übertreibung aller vermeintlichen Schwachstellen und einer systematischen Verdrängung aller viel wichtigeren und belegbaren fundamentalen Stärken. Und was noch viel interessanter zu sein scheint: Österreich sind im Laufe der Jahre nahezu alle einstigen Vorbilder kontinuierlich abhanden gekommen. Heute ist es nämlich so, dass gerade sie die Alpenrepublik als Erfolgsmodell einstufen. Selbst die so oft genannten Musterschüler Finnland und Schweden haben heute viel von ihrer Strahlkraft verloren, sind uns aber hinsichtlich hoher Forschungsausgaben, lebenslangem Lernen und Informationstechnologie einfach voraus. Sie haben aber Österreich weder im Pro-Kopf-Einkommen, noch in der Industrieproduktion, noch im Export den Rang streitig gemacht. Selbst ihre Arbeitslosenrate ist trotz weit höherer Steuerquoten wesentlich höher als bei uns. Dennoch ist die Erwerbsquote höher als bei uns und es gibt geringere Unterschiede bei den Gehältern von Männern und Frauen.

Österreich hat noch viel zu verbessern, ist insgesamt gesehen gut aufgestellt und kann durchaus als Erfolgsmodell innerhalb der Europäischen Union angesehen werden.

9. Erfolgreiche Österreicher in der Bundesrepublik

Im Fokus: die spannenden Karrieren eines Medienmanagers, eines Mediendesigners, einer Gastronomin, eines Chefredakteurs, eines Verlagsleiters, einer Opernchefin und einer Theaterdirektorin – sowie ihre Visionen eines erfolgreichen Deutschland. Und: Die Karrieretipps der Erfolgreichen.

„Erfolg ist das gefährlichste aller Rauschgifte", sagte einst der US-Prediger Billy Graham. US-Golf-Legende Tiger Woods definierte für sich selbst: „Ich messe den Erfolg nicht an meinen Siegen, sondern daran, ob ich jedes Jahr besser werde." Und der berühmte Schauspieler Sir Peter Ustinov meinte gar: „Der Erfolg besteht in der Kunst, das für sich zu behalten, was man nicht weiß." Erfolg zu haben ist ein Wunsch, den man kennt. Fast jeder möchte ihn haben. Der Erfolg der Erfolgreichen wird heute am Erreichen vorgegebener oder als erstrebenswert anerkannter Ziele gemessen. Dabei definiert jeder für sich selbst, was er darunter versteht und wie weit er gehen möchte. Etwa 189.000 Österreicher leben derzeit in der Bundesrepublik. Im Vergleich dazu sind an die 86.700 Deutsche in Österreich amtlich gemeldet. In den verschiedensten Bereichen haben Österreicher, die in Deutschland leben, bewiesen, dass sie erfolgreich sein können. Darüber gibt es zwar noch keine Statistik, aber Fakten. So finden sich unter den führenden Köpfen im Medienbereich etliche Österreicher, ebenso im Verlagsgeschäft, im IT-, Multimedia- und Design-Bereich, in Kunst und Kultur, der Wirtschaft und – ganz besonders und immer wieder – in der Hotellerie und der Gastronomie.
Auf den folgenden Seiten werden daher ganz außergewöhnliche Karrieren, die von Österreichern in Deutschland gestartet wurden, portraitiert.

Ein Österreicher als Medienmacher
Gerhard Zeiler

Vorstandsvorsitzender der Bertelsmann AG und der RTL Group

Sie nennen ihn in Deutschland den „Architekten des Fernsehens". Der 1955 in Ottakring, dem 16. Wiener Gemeindesbezirk, geborene Gerhard Zeiler hat in der Bundesrepublik seine Medienmanagerkarriere geschliffen wie kaum ein anderer vor ihm. So managt Zeiler heute nicht nur Europas erfolgreichsten Privatsender, die RTL-Group, er sitzt außerdem im Vorstand der mächtigen Bertelsmann-Gruppe, die ihre Arme über alle Kontinente ausgebreitet hat und zu den größten Medienkonzernen der Welt zählt (Platz 5 im weltweiten Medien-Ranking mit über 17 Milliarden Euro Umsatz und knapp 76.000 Mitarbeitern weltweit – so lauten die Kennzahlen, Stand der Bilanz ist das Jahr 2004).
Seine Berufslaufbahn begann Gerhard Zeiler, der Psychologie, Soziologie und Pädagogik in Wien studiert hatte, 1973 als wissenschaftlicher Assistent beim Österreichischen Institut für Berufsbildungsforschung (ÖIFB). Sechs Jahre später wechselte er zum Pressedienst der Sozialdemokratischen Partei (SPÖ) und wurde schließlich Sprecher des damaligen Unterrichtsministers Fred Sinowatz. Ihm folgte er nach dessen Ernennung zum Bundeskanzler ins Bundeskanzleramt, ebenfalls als Pressesprecher. Nach Sinowatz' Rücktritt im Jahr 1986 war Gerhard Zeiler kurzzeitig Pressesprecher von Bundeskanzler Franz Vranitzky und ging dann als Generalsekretär zum Österreichischen Rundfunk (ORF). 1991 erhielt er schließlich die Chance, in München seine Karriere auszubauen. Der private Münchner Fernsehsender TELE 5 engagierte ihn als Alleingeschäftsführer. Mit dem Wissen, dass er sich vom ORF angeeignet hatte, also der „marktorientierten Ausbildung eines kleinen, überschaubaren Senders, wo man mit wenig Geld ein gutes Programm ma-

Foto: RTL Group

Gerhard Zeiler

chen muss“, startete er in Bayern voll durch. Als die Gesellschafterverhältnisse sich bei TELE 5 1992 änderten, stieg Zeiler aus und als Geschäftsführer beim neuen Film- und Seriensender RTL 2 ein. 1994 schied Gerd Bacher beim ORF aus und Zeiler bewarb sich um den Posten des Generalintendanten, zu dem er im Oktober auch bestellt wurde. Trotz des engen Management-Korsetts im ORF wagte er eine durchgreifende Reform und positionierte das Unternehmen als modernes, strikt nachfrageorientiertes Multimedia-Unternehmen und etablierte außerdem 35 neue Sendeformate. Zeiler wandelte das erste Programm (FS 1) zum Spielfilm- und Sportsender um, das zweite (FS 2) zum Eigenproduktions- und Informationsprogramm und erzielte damit in Kürze Steigerungen des ORF-Marktanteils auf bis zu 51 Prozent.

Trotz seiner durchschlagenden Erfolge musste Zeiler auch Rückschläge einstecken und verließ im April 1998 Österreich, um die Nachfolge von Helmut Thoma als Geschäftsführer des Privatsenders RTL Television in Köln anzutreten. RTL gehört heute zu 100 Prozent zur RTL Group, Europas führendem Rundfunk- und Fernsehproduktionsunternehm en. Zu Zeilers Glanzstücken zählen die „Verjüngerung des Programmes“ für die Zielgruppe der 14- bis 49-Jährigen. Er formierte weiters das Management neu und straffte die Organisation, was dem Unternehmen bereits im ersten Jahr unter seiner Führung eine Ergebnissteigerung um 40 Prozent einbrachte. Anfang 2003 ernannte der Aufsichtsrat der RTL Group Zeiler zum neuen Vorstandsvorsitzenden. Gerhard Zeiler ist außerdem seit 2005 Vorstandsmitglied der Bertelsmann AG: Zur RTL Group zählen heute 33 TV- und 31 Radiosender und eine der weltweit führenden Produktionsfirmen. Zeilers konkrete Vorstellungen vom Mediengeschäft der Zukunft lauten: Ausbau weiterer Sendefamilien, Expansion in die Regionen Süd- und Osteuropa, Akquisition von TV-Lizenzen oder Sendern in attraktiven Werbemärkten, Ausbau der Online-Angebote und der mobilen Kommunikation. Gerhard Zeiler zählt zu den mächtigsten und talentiertesten deutschsprachigen Medienmanagern unserer Zeit.

Der Karrierefragebogen

Was war für Sie das entscheidende Kriterium nach Deutschland zu gehen?
Es gab für mich zwei Gründe: Ich habe in meiner Zeit als ORF-Generalintendant vieles umgesetzt und erneuert – einige mir wesentlich erscheinende Dinge konnte ich aber nicht durchsetzen. Ich wollte beispielsweise aus dem ORF eine Aktiengesellschaft machen und ein neues ORF-Gesetz initiieren. Beides war mir zuvor von beiden großen Parteien versprochen worden, aber letztlich scheiterte es doch. Und so reifte der Gedanke, dass es an der Zeit sei zu gehen. Ein wichtiger Aspekt hierfür waren für mich die beruflichen Chancen. Die sind für einen Medienfachmann in Deutschland um ein Vielfaches besser als im kleinen Österreich. Die Möglichkeiten Karriere zu machen sind in Deutschland einfach vielfältiger.

Wie leicht – oder wie schwer – war der Beginn für Sie in Ihrer neuen Position?
Es war eigentlich kein Thema, dass ich aus Österreich kam. Die Gastfreundschaft in Deutschland ist im Übrigen ausgeprägter als hierzulande. Und die Toleranz höher. Eigentlich war mein Arbeitsbeginn in Deutschland wie jeder Start in einem neuen Job in Österreich.

Wie ist das Image der Österreicher in Deutschland?
Die Deutschen sagen über die Österreicher, sie seien effizient, flexibel – aber große Schlauberger. Auch diejenigen, die es

gut mit uns meinen, halten uns nicht immer für geradlinig. Bei Bösmeinenden fallen mitunter auch Worte wie hinterhältig und unehrlich. Trotzdem mag man uns. Österreicher sind in der Regel beliebt hier.

Warum holt sich Deutschland einen Österreicher als Medienmanager?
In Deutschland ist es grundsätzlich kein Thema, ob ein Manager Deutscher ist oder aus dem Ausland kommt – ganz im Gegensatz zu Österreich übrigens. Was die Medienindustrie betrifft, so haben wir in Österreich den Vorteil, dass wir stets eine marktorientierte Ausbildung hatten. Beispiel Fernsehen: Der ORF musste sich seit den achtziger Jahren stets zu 50 Prozent vom Markt, sprich der Werbung, finanzieren. Da ist einfach auch vom Management eine stärkere Konsumentenorientierung gefragt. Das Gleiche galt und gilt für die Printmedien.

Was können die Österreicher besser als die Deutschen?
Allgemein kann man sagen: Weil in der Regel in Österreich weniger Geld vorhanden ist, sind die Strukturen flacher und die Flexibilität und die Improvisationsfähigkeit stärker ausgeprägt. Auf der anderen Seite gibt es auch Fähigkeiten, bei denen uns in der Regel die Deutschen voraus sind, etwa alles was mit Rhetorik zu tun hat.

Können Sie uns ein Erlebnis erzählen, welches typisch für Österreicher oder Deutsche ist?
Wenn Sie in Deutschland als Fußgänger bei Rot über die Straße gehen, kann es Ihnen sehr leicht passieren, dass – auch wenn weit und breit kein Auto zu sehen ist – andere Passanten versuchen, Sie zurückzuhalten, oder zumindest verbal rügen. Das ist in Österreich eher unvorstellbar. Es zeigt die sehr klare und eindeutige Beziehung der Deut-

schen zu Regeln und Verboten. In Österreich geht man damit etwas flexibler um – was im Übrigen nicht immer positive Seiten hat.

Was bedeutet Karriere für Sie?
Mein Beruf ist Teil meines Lebens. Und als solcher muss er mir Spaß machen, sonst macht die ganze Karriere keinen Sinn.

Fragen zur Stimmung im Gastland
Wie ein Medienmanager die Unterschiede zwischen Deutschland und Österreich sieht.

Herr Zeiler, der „Spiegel", der „Stern", das „Manager Magazin" und mehrere deutsche Tageszeitungen haben Österreich in letzter Zeit verstärkt Titelgeschichten gewidmet, in denen sie die Alpenrepublik als das „bessere Deutschland" bezeichnet haben. Wie lautet das Bild, das Sie von Österreich haben?
Ich liebe Österreich. Es ist mein Heimatland. Auch wenn ich schon sehr lange im Ausland arbeite, wird es immer meine Heimat bleiben.

Ist Österreich wirklich das bessere Deutschland?
Ich bezweifle die Aussage, Österreich sei das bessere Deutschland, das hieße Äpfel mit Birnen zu vergleichen. Nein, wir sind weder besser noch schlechter, sondern einfach anders. Weder brauchen wir uns und unsere Leistungen zu verstecken, noch sollten wir uns in Größenwahn üben.

Wie beurteilen Sie Politik und Wirtschaft in Deutschland?
Deutschland ist ein reiches Land mit enormen Rohstoffen, ein sozial friedliches Land mit guten Ausbildungsmöglichkeiten, das jedoch von den Strukturen her sicher zu träge ist. Mit anderen Worten: Es gibt das große Problem der Überbürokratisierung. Und außerdem ist man in Deutschland

oft zu schnell zu angstvoll und pessimistisch. Mit der neuen deutschen Regierung scheint sich Letzteres aber – Gott sei Dank – zu ändern.

Was erwarten Sie sich von der neuen deutschen Regierung? Was sollte als Erstes geschehen?
Einfach einen Stimmungswandel zu erreichen. Und dann, wenn aufgrund der Bereitschaft der Verbraucher wieder Geld auszugeben, die Wirtschaft wirklich „brummt", die Strukturen zu ändern.

Gerhard Zeilers persönliche Karrieretipps

1. Man muss das, was man tut, gerne machen. Ein Beruf ohne Leidenschaft ist „nur" ein Job.
2. Man benötigt auch Grundtugenden: Zuverlässig und arbeitsam zu sein, sowie der Wille, Verantwortung und damit Pflichten zu übernehmen, sind Voraussetzung für den Erfolg.
3. Lernen, lernen, lernen.
4. Führen heißt Vorbild zu sein, zuhören und im Team arbeiten zu können. Mit anderen Worten: „Soziale Intelligenz" macht den Unterschied zwischen guten und exzellenten Managern aus.
5. Man muss wissen, was man will. Man muss sich Ziele stecken und dann versuchen, sie konsequent umzusetzen. Am schlimmsten sind jene Manager und Politiker, denen es genügt, ihre Position erreicht zu haben und die keine inhaltlichen Ziele haben.

Ein Österreicher als Mediendesigner
Sebastian Peichl

Vorstand von ART+COM Berlin

Kreativität ist fast eine Lebensphilosophie für ihn geworden. Wurde er doch 1969 in eine kreative Familie hineingeboren: Der Vater ist der berühmte Wiener Architekt Gustav Peichl (er schuf unter anderem die Bundeskunsthalle in Bonn), sein Bruder Markus war in Wien Journalist und ist heute Redaktionsleiter der deutschen „Talkshow" von Reinhold Beckmann, Schwester Ina wurde Bühnen- und Kostümbildnerin. Kein Wunder also, dass Sebastian Peichl auch in die kreative Kerbe schlug. Der ehemalige Student der Betriebswirtschaft ging nach Deutschland, um dort ein Studium der Gesellschafts- und Wirtschaftskommunikation an der Universität der Künste in Berlin zu absolvieren. Schon während seines Studiums schnupperte er in die Werbe- und Design-Branche hinein, jobbte zwischen Deutschland und Österreich und arbeitete schließlich für den Nachrichtensender n-tv in Berlin unter Reinald Walter. „Die Begeisterung für die sich neu definierende Stadt, die Brüche zwischen Alt und Neu, Ost und West, das kreative Potenzial, die Herausforderung und Chance, sich zu etablieren" nennt Sebastian Peichl heute als die Hauptgründe für seinen Exodus nach Deutschland. In Österreich sei der Radius begrenzt und seine Liebe zu Berlin sei außergewöhnlich groß. 1994 wechselte er zur Kommunikations- und Designagentur Triad, die er aufbaute und wo er zusammen mit Architekten, Designern und Dramaturgen eine ganze Reihe von prominenten Projekten im Ausstellungs- und im Messebereich realisierte. Zu den prominentesten Beispielen zählt der Bertelsmann Pavillon auf der Expo 2000 in Hannover: Er stand unter dem Motto „Planet m – medi-

Sebastian Peichl

en für menschen“ und machte für eine Million Besucher die Welt der Medien sinnlich erfahrbar. Es war das erste Mal, dass sich der gesamte Bertelsmann Konzern unter einem Dach präsentierte. Im Jahr 2002 wechselte Sebastian Peichl dann zur Berliner Designagentur ART+COM. Das Unternehmen mit 60 Mitarbeitern versteht sich als Kommunikations-Dienstleister, der Inhalte mittels neuer Medien transportiert. Dort ist er als Vorstand für die Bereiche Kommunikation, Marketing und Business Development zuständig. ART+COM versucht, „den Menschen durch ungewöhnliche Inszenierungen neue Erlebnisse zu verschaffen“:
So zeigt Sebastian Peichl Neukunden gerne das Visitor Center der Glenturret Distillery in Schottland, um ihnen die Arbeit von ART+COM zu verdeutlichen. Dort sehen sie, wie die Whisky-Marke „Famous Grouse“ medial präsentiert wird: Die Besucher laufen über virtuelles Wasser, das Wellen schlägt. Sie springen und stampfen, wodurch am Boden projiziertes Eis bricht. Dazu werden Whisky-Aromen in den Raum gesprüht und der bekannte TV-Spot der Marke gespielt. Täglich besichtigen rund 800 Menschen die Glenturret Distillery. Ein Erfolg, der sich messen lässt.
Ein aktuelles Beispiel aus der Kultur ist die Staatsvertragsausstellung „Das neue Österreich“ im Schloss Belvedere. Hier wurde ein 250 Meter langes rot-weiß-rotes Band zum interaktiven „Medium“ der Geschichte Österreichs.
Sebastian Peichl bemüht sich als „Außenminister“ der Firma konsequent um neue kulturelle Aufgaben. Aufträge aus der Industrie machen mit 70 Prozent das Gros aus: Zu ihnen zählt neben Intel oder der Deutschen Telekom auch BMW. Mit Hochdruck arbeitet ART+COM an der Neugestaltung des BMW-Museums, das 2007 eröffnet wird.

Der Karrierefragebogen

Was war für Sie das entscheidende Kriterium, nach Deutschland zu gehen?
Österreich war für mich ein überschaubarer Markt, der Aktionsradius war begrenzt. Auslöser war letztlich für mich ein Studium an der Universität der Künste. Ich war dann schnell von dieser sich täglich neu definierenden Stadt restlos begeistert. Ich wusste, hier hatte ich die Chance, mich zu etablieren. Ich muss gestehen, ich liebe Berlin ganz einfach.

Wie leicht – oder wie schwer – war der Beginn für Sie in Ihrer neuen Position?
Da ich zuvor in Österreich gearbeitet habe, war der Start in der deutschen Arbeitswelt einfach. Es gibt eigentlich keinen Unterschied zwischen einem Jobstart in Deutschland und einem in Österreich. Man muss sich an einem anderen Ort einfach neu suchen und neu finden.

Wie ist das Image der Österreicher in Deutschland?
Österreich wird in Deutschland von der Meta-Ebene aus betrachtet: Die Deutschen haben sehr wohl Respekt vor den tüchtigen Ösis. Etwa vor den Managern im Medienbereich, in der Hotellerie, in der Gastronomie und in der Kultur. Belächelt werden die Österreicher zuweilen für gewisse Politik-Possen, wie etwa die Sache mit dem Schwarzenegger-Stadion: Dass ein Bürgermeister einem Arnold Schwarzenegger – bildhaft gesprochen – nachläuft, um ihn dazu zu bewegen, das Stadion weiterhin nach ihm benennen zu dürfen, finden die Deutschen recht lustig. Aber selbstverständlich schätzt man Österreich schon allein wegen der Gemütlichkeit, der lukullischen Köstlichkeiten und unserer Triumphe im Skisport.

Warum holt sich Deutschland einen Österreicher als Manager?
ART+COM suchte einen Manager mit guten Kontakten, um das Unternehmen neu zu positionieren. Wir sind heute eine Design-Agentur mit dem Schwerpunkt Neue Medien. Nach meinem Engagement verriet mir der Aufsichtsratsvorsitzende, er hätte mir den „Außenminister"-Posten vor allem wegen meiner kommunikativen Qualitäten anvertraut. Die Antwort lautet also: Es liegt an der Person, nicht an der Nationalität.

Was können die Österreicher besser als die Deutschen?
Da möchte ich gerne mit einem Zitat Ludwig Wittgensteins antworten, der sagte: „Das gute Österreich ist subtiler als alles andere." Ich persönlich glaube, dass der österreichische Manager flexibler und unkonventioneller agiert als der Deutsche. Ich beobachte bei deutschen Managern manchmal eine Schwarzweiß-Denke. Die Österreicher hingegen können durchaus auch in Grautönen denken. Außerdem haben sie ein besonderes kommunikatives Talent: Sie sind in der Lage, komplexe Prozesse ausgleichend zu moderieren. Ich beobachte bei uns auch die „Lust am Dialog". Der sich „anbiedernde Charme" ermöglicht oft, in unverkrampfter Weise eine Lösung zu finden. Und es fällt uns Österreichern leichter, eine Entscheidung zu fällen: Wir sind oft flexibler – der Schmähfaktor spielt dabei auch eine gewisse Rolle.

Können Sie uns ein Erlebnis erzählen, welches typisch für Österreicher oder Deutsche ist?
Vielleicht kein Erlebnis, aber dafür Erlebtes: Die Österreicher haben in Deutschland einen sogenannten „Dodl-Bonus". Wir erscheinen den Deutschen nämlich auf den ersten Blick ob unserer ungelenken Sprache etwas unbeholfen. Deshalb ist es für sie umso erstaunlicher, wenn wir etwas Sinnvolles in die Gesprächsrunde einwerfen. Das hat eben sehr viel mit unserer Sprache zu tun. Dazu fällt mir ein Zitat ein. Franz

Grillparzer sagte: „Die Deutschen wollen die Österreicher verstehen, können es aber nicht. Die Österreicher könnten die Deutschen verstehen, wollen es aber nicht." Das stimmt manchmal auch heute noch.

Was bedeutet Karriere für Sie?
Karriere bedeutet für mich, Ideen zu Taten zu schrumpfen.

Fragen zur Stimmung im Gastland

Wie ein Mediendesignmanager die Unterschiede zwischen Deutschland und Österreich sieht.

Herr Peichl, der „Spiegel", der „Stern", das „Manager Magazin" und mehrere deutsche Tageszeitungen haben Österreich in letzter Zeit verstärkt Titelgeschichten gewidmet, in denen sie die Alpenrepublik als das „bessere Deutschland" bezeichnet haben. Wie lautet das Bild, das Sie von Österreich haben?
Man muss bedenken, dass all diese Artikel vor dem Hintergrund einer rot-grünen deutschen Regierung entstanden und so in das larmoyante Stimmungsbild passten. Es war eher ein „den Finger auf die Wunde legen" und das funktionierte mit dem kleinen Nachbarn Österreich als großem Vorbild sehr gut. Zurück zu Ihrer Frage: Österreich ist für mich persönlich ein Land, dem ich sehr verbunden bin und wo ich mich immer wieder mit Freude aufhalte.

Ist Österreich wirklich das bessere Deutschland?
Österreich ist mit Sicherheit in den letzten Jahren einen wirtschaftlich erfolgreichen Weg gegangen, hat eine Menge an Reformen durchgezogen, war mutig und innovativ – und hat außerdem eine gute Stellung in Osteuropa inne. Ich halte dennoch die Frage für nicht zulässig. Denn erstens ist Deutschland eine Weltmacht und Österreich nicht. Au-

ßerdem profitiert Österreich immer noch von Deutschland – und zwar im wirtschaftlichen Sinne (Tourismus, Exporte). Und drittens hatte Deutschland schwer mit der Wiedervereinigung zu kämpfen. Dennoch ist das Bild Österreichs in Deutschland ein positives.

Wie beurteilen Sie Politik und Wirtschaft in Deutschland?
Die deutsche Wirtschaft kommt mir vor wie ein alter Hollywoodstar, der schwer vermittelbar ist. Doch nun haben wir ja ein neues Management mit Bundeskanzlerin Merkel und warten gespannt auf die Frischzellenkur.

Was erwarten Sie sich von der neuen deutschen Regierung? Was sollte als Erstes geschehen?
Meine Erwartung heißt: Raus aus dem Stimmungstief, weg von der Larmoyanz, hin zu einer arbeitgeberfreundlichen Politik, zu mehr Selbstbewusstsein, einem konsumfreundlicheren Klima. Das Spannende an Frau Merkel ist doch, dass sie keine so plakative Politik führt, wie es Herr Schröder tat. Sie wirkt auf jeden Fall authentischer als er.

Sebastian Peichls persönliche Karrieretipps

Hier möchte ich Menschen sprechen lassen, deren Gedanken für meine persönliche Laufbahn von großer Bedeutung waren und auch heute noch Gültigkeit haben!

1. „What you can dream you can do“, Walt Disney.
2. „Es gibt zwei Wege für den Aufstieg: entweder man passt sich an oder man legt sich quer“, Konrad Adenauer.
3. „Ich habe keine besondere Begabung, sondern bin nur leidenschaftlich neugierig“, Albert Einstein.
4. „Man muss nicht nur einen Gedanken haben, sondern diesen auch ausdrücken können“, Karl Kraus.

5. „Eine stolz getragene Niederlage ist auch ein Sieg“, Marie von Ebner-Eschenbach.
6. „You never get a second chance for a first impression“, anonym.

Eine Österreicherin als Gastronomin
Sarah Wiener

Restaurantbesitzerin, Buchautorin und Eigentümerin der Sarah Wiener Gmbh, Berlin

Der „Spiegel“ schrieb einmal über sie, sie sei die „Lieblingsköchin der Berliner Polit- und der internationalen Filmszene“. Sarah Wiener, Tochter des legendären Wiener Exil-Schriftstellers Oswald Wiener, hat sich in Berlin im wahrsten Sinne des Wortes eingekocht. Mit knapp siebzehn Jahren verließ sie Wien, ohne Abitur, mit nur wenig Geld im Koffer, und zog zunächst einmal zu ihrem berühmten Vater nach Deutschland. „Ich ging den Weg des geringsten Widerstandes und zog zu meinem Papa“, erzählt sie heute. Oswald Wiener hatte in Berlin bereits ein Restaurant eröffnet. Langsam entdeckte die Tochter die neue Stadt, trampte mal hier und mal dorthin, arbeitete sogar in Südfrankreich als Schäferin. „Ich führte in gewisser Weise ein Bohemienleben.“ Bis sie eines Tages beschloss, wieder nach Berlin zurückzukehren und beim Vater im Restaurant als Köchin zu starten. Gleich nach der Wende kaufte sie dann für knapp 2500 D-Mark aus den Beständen der Nationalen Volksarmee einen 10,5 Tonner mit Anhänger, ließ ihn mit einer Gulaschkanone ausrüsten und gründete ihre eigene Firma „Sarah Wieners Tracking Catering“. Zunächst bekochte sie Filmproduktionen. Erst nationale, bald aber internationale. Sie verwöhnte Stars wie Bruce Springsteen und Kate Moss mit gefülltem Huhn und Parmaschinken, mit Leberpastete und Zitronentorte. Für Tobias Moretti bereitete sie Pasta mit Tomatensauce zu, für Maximilian Schell Marillenmarmelade-Palatschinken. Die Rezepte hierfür hat sie übrigens in einem Kochbuch „Kochen mit Sarah Wiener“, das im letzten Jahr auf den Markt kam, verewigt. Nachsatz: „Ich bin vor allem ein großer Fan der österreichischen und der mediterranen Küche.“ Heute ist

Foto: Sarah Wiener GmbH

Sarah Wiener

sie außerdem stolze Besitzerin von drei Restaurants in der Hauptstadt der Bundesrepublik: „Speisezimmer" in der Chausseestrasse, „Mutter und Schraube" im Technikmuseum, „Restaurant Sarah Wiener" am Hamburger Bahnhof. Insgesamt arbeiten rund 100 Mitarbeiter für sie. Dass sie einmal zur gefragten Trendköchin und erfolgreichen Geschäftsfrau avancieren würde, hätte sie niemals zu hoffen gewagt. Ihr Erfolgsgeheimnis? „Ich habe immer das gemacht, was ich wollte – und das mit Lust und Leidenschaft. Ich denke, wenn man genau weiss, was man will, und dieses Wollen auch lebt, hat man wohl immer Erfolg."

Der Karrierefragebogen

Was war für Sie das entscheidende Kriterium, nach Deutschland zu gehen?
Ich wollte mit 17 Jahren einfach aus Wien verschwinden und bin den Weg des geringsten Widerstandes gegangen. Mein Papa lebte in Berlin und so habe ich mir einmal diese Stadt angesehen. Anfangs kam ich mit der Mentalität der Berliner gar nicht klar. Außerdem waren der Klang der Sprache und die Satzmelodie derart verschieden vom Österreichischen: Ich musste mich beim Zuhören wahnsinnig konzentrieren. Ich habe Jahre gebraucht, um den Humor der Berliner zu verstehen, die Deutschen kennen zu lernen und ihre Direktheit als Geschenk zu betrachten.

Wie leicht – oder wie schwer – war der Beginn für Sie in Ihrer neuen Position?
Ich habe von Anfang an als Küchenhilfe im Restaurant meines Vaters gearbeitet und habe mich erst mit 28 Jahren selbstständig gemacht. Bis dahin habe ich allerdings auch ein Bohemiendasein geführt. Berlin lässt „Spinnern" viel Freiheit.

Wie ist das Image der Österreicher in Deutschland?
Österreicher sind gern gesehene Gastarbeiter: also Menschen, die ihr Land verlassen haben, einen gesunden Willen besitzen und etwas erreichen wollen.

Warum holt sich Deutschland Österreicher als Manager – etwa in der Hotellerie oder in der Gastronomie?
Das ist unterschiedlich. Die Deutschen haben die Tendenz, Menschen mit offenen Armen zu empfangen. Sie mögen Österreich, weil es ein berühmtes, sympathisches und schönes Tourismusland ist.

Was können die Österreicher besser als die Deutschen?
Topfenknödel, Tafelspitz und Wiener Schnitzel.

Können Sie uns ein Erlebnis erzählen, welches typisch für Österreicher oder Deutsche ist?
In der Abendschule in Berlin hat mir ein Lehrer immer von seiner „Jacht" erzählt und ich fragte mich, wo er denn nun wirklich sein Boot geankert hatte. Bis ich dann verstand, dass er von seiner „Jagd" sprach. Auf der anderen Seite musste ich mich einmal furchtbar über einen Wiener Fleischhauer ärgern, der keine Preisschilder an seiner Ware angebracht hatte und mir ein Kilo Fleisch zu irgendeinem Preis verkaufen wollte.

Was bedeutet Karriere für Sie?
Da möchte ich den französischen Filmemacher Claude Chabrol zitieren, der einmal sagte: „Arbeitszeit ist Lebenszeit." Ich darf beruflich das machen, wofür ich Talent habe und was mir Spaß macht. Erfolg gehört für mich zu einem erfüllten Leben.

Fragen zur Stimmung im Gastland

Wie eine Gastronomin die Unterschiede zwischen Deutschland und Österreich sieht.

Frau Wiener, der „Spiegel", der „Stern", das „Manager Magazin" und mehrere deutsche Tageszeitungen haben Österreich in letzter Zeit verstärkt Titelgeschichten gewidmet, in denen sie die Alpenrepublik als das „bessere Deutschland" bezeichnet haben. Wie lautet das Bild, das Sie von Österreich haben?
Ich muss ganz ehrlich gestehen, ich bin in den letzten zwölf Jahren mehr zu einer Deutschen mutiert. Dennoch beobachte ich Österreich und seine Erfolgsgeschichte immer wieder aus der Ferne. Natürlich muss man neidlos feststellen, dass Österreich Deutschland im wirtschaftspolitischen Bereich in den letzten Jahren um einiges überrundet hat. Das beweisen ja auch die Daten der Wirtschaftsforscher.

Ist Österreich wirklich das bessere Deutschland?
Lassen Sie mich als Köchin sprechen, die ich ja bin: Österreich hat sehr wohl im Bio-Bereich die Nase vor Deutschland. Es gibt das rot-weiß-rote Gütesiegel, dass jedes österreichische Produkt kennzeichnet. Die Deutschen haben dieses Markenbewusstsein bei Lebensmitteln weniger. Sie sind viel eher auf ihre Automobilindustrie stolz.

Wie beurteilen Sie Politik und Wirtschaft in Deutschland?
Es herrscht derzeit eine positive Aufbruchstimmung, und das war schon dringend notwendig.

Was erwarten Sie sich von der neuen deutschen Regierung? Was sollte als Erstes geschehen?
Da könnte ich hier 1000 Dinge aufzählen! Am wichtigsten erscheint mir jedoch – als Alleinerzieherin – die Ganztagsbetreuung für Kinder zu einem bezahlbaren Preis:

Da könnte sich Frau Merkel bei mir sehr hohe Lorbeeren verdienen.

Sarah Wieners persönliche Karrieretipps

1. Herausfinden, was man will, und dafür gehen.
2. Immer „Bitte“ und „Danke“ sagen.
3. Niemals aufgeben.
4. Auf seine eigene Stimme hören.
5. Ehrlich zu sich selber sein.

Ein Österreicher als Chefredakteur
Thomas Osterkorn

Chefredakteur des „Stern"

Sein Credo lautet: „Wir machen das Blatt für unsere Leser, nicht für uns!" Der Chefredakteur des Hamburger Magazins „Stern", Thomas Osterkorn, hat einen sehr klaren Standpunkt, wenn es ums Blattmachen in Deutschland geht. Sein Konzept ist auch aufgegangen. Dass er Österreicher ist, merkt heute kaum jemand. Nicht einmal am Akzent. Den 1953 in Linz als Sohn eines Österreichers und einer Deutschen geborenen drängte es früh zum Journalismus. Mit 14 Jahren zog er aus familiären Gründen nach Deutschland, wo er nach dem Abitur ein Volontariat bei der „Lüneburger Landeszeitung" absolvierte, bei der er dann gleich vier Jahre lang Chef der Lokalredaktion war. Seine Journalistenkarriere hat er sehr früh und sehr zügig vorangetrieben: „Journalistisch tätig zu sein, bedeutet vor allem, gesellschaftlich relevante Themen ins Bewusstsein der Öffentlichkeit zu tragen. Die damit verbundene soziale Verantwortung zeigt sich darüber hinaus in Projekten, bei denen Menschen Initiative zeigen und sich aktiv einbringen können", sagt er heute. 1979 wechselte er zum „Hamburger Abendblatt" als Polizeireporter. Daneben besuchte er die Uni und büffelte für sein Jura-Studium.

1986 kam er schließlich zum „Stern". Drei Jahre später wurde er Ressortleiter für den Bereich „Deutschland aktuell", 1996 zusätzlich dann geschäftsführender Redakteur. Was ihn besonders störte: Die Chefredakteure des Blattes wechselten ständig. Im Schnitt blieben sie seit den siebziger Jahren bloß zwei Jahre. Die Auflage des „Stern" sank dabei unaufhörlich, und zwar von 1,4 Millionen 1985 auf 1,1 Millionen im Jahr 1999. 1996 musste das Magazin sogar seine Führungsrolle als umsatzstärkste Zeitschrift an den „Spiegel" abgeben. Das schmerzte. Auch der ehemalige „Presse"-Chefredakteur

Thomas Osterkorn

Michael Maier war nur ein knappes Jahr Chefredakteur des „Stern“, aber in dieser Zeit verhinderte er die Einbindung Osterkorns in die Chefredaktion. Sein Argument: Osterkorn würde intern eine „Palastrevolution“ anzetteln. Nach Maiers Abgang im Juli 1999 leitete Osterkorn, der wegen seiner Fähigkeit, mit Mitarbeitern umzugehen und sie motivieren zu können, als Wunschkandidat von Redaktion und Vorstand galt, dann jedoch das Blatt interimistisch. Der Verlag holte sich zusätzlich „Hör zu“- Chefredakteur Andreas Petzold als zweiten Chefredakteur neben Osterkorn ins Boot. Die beiden symbolisierten den „Generationenwechsel“ innerhalb des „Stern“. Die Auflage des Magazins stabilisierte sich. Seither managen die beiden Chefredakteure wirklich gemeinsam das Blatt: „Jeder hat für zwei Wochen die rote Mütze auf“, sagt Thomas Osterkorn heute. Die Strategie der Doppelspitze konzentriert sich auf Kernkompetenz, Fotoreportagen, lesernahe Themen mit hoher Aktualität, dazu Serien. Mit nachweisbarem Erfolg: Die verkaufte Auflage betrug im vierten Quartal 2004 mit kleinem Aufschwung 1,09 Millionen Exemplare (+ 2,3 Prozent). Damit liefert sich der „Stern“ ein wöchentliches Kopf-an-Kopf-Rennen mit seiner stärksten Konkurrenz, dem Nachrichtenmagazin „Der Spiegel.“ Der Werbeslogan des Magazins lautet heute übrigens: „Behalten Sie den Überblick“ – Osterkorn verfolgt da strikt sein Ziel: nämlich mehr junge Journalisten zu engagieren und die Unterhaltungskompetenz des Magazins weiterhin zu steigern.

Der Karrierefragebogen

Was war für Sie das entscheidende Kriterium, nach Deutschland zu gehen?
Mein Vater ist Österreicher. Meine Mutter ist Deutsche. Ich bin aus familiären Gründen mit 14 Jahren nach Deutschland gezogen und hier zur Schule gegangen. Nach dem Abitur zog

es mich gleich in den Journalismus. Zunächst in die Lokalredaktion einer Tageszeitung, dann zum „Stern".

Wie leicht – oder wie schwer – war der Beginn für Sie in Ihrer neuen Position?
Ich habe mich vom Lokalredakteur zum Polizeireporter hochgearbeitet und daneben auch noch Jus studiert. Schließlich bin ich beim „Stern" gelandet. Insgesamt gesehen war es eine spannende Zeit.

Wie ist das Image der Österreicher in Deutschland?
Im Hamburger Konsulat sind an die 4000 Österreicher gemeldet. Das Image der Österreicher hier ist relativ gut. Immerhin hat sich Deutschland immer wieder Österreicher für den Medienbereich geholt. Wien wird als übergroße Hauptstadt mit vielen kreativen Köpfen wahrgenommen.

Warum holt sich Deutschland einen Österreicher als Chefredakteur?
Man holt sich keinen Österreicher, man holt sich „einen guten Mann" Und der muss im Medienbereich vor allen Dingen gut Deutsch sprechen und nicht zuletzt kreativ sein.

Was können die Österreicher besser als die Deutschen?
Sie vermitteln ein leichteres Lebensgefühl als die Hamburger, die meiner Meinung nach viel zu rational sind. Und sie sind im Medienbereich Profis: wie etwa Helmut Thoma, der es seinerzeit geschafft hat, einfach Quoten-Fernsehen zu machen.

Können Sie uns ein Erlebnis erzählen, welches typisch für Österreicher oder Deutsche ist?
Da tue ich mir ehrlich gesagt schwer, denn ich habe als Kind meine Ferien in Deutschland, später meine Urlaube oft in Österreich verbracht und bin beide Kulturen gewohnt. Da gibt es nicht so viel Sensationelles …

Was bedeutet Karriere für Sie?
Stress. Aber es ist ein schöner Stress. Der Reiz an meiner Arbeit sind die Gestaltungsmöglichkeiten. Ich habe ja bereits als Schüler für Zeitungen gearbeitet und wollte immer Journalist werden.

Fragen zur Stimmung im Gastland

Wie ein Chefredakteur die Unterschiede zwischen Deutschland und Österreich sieht.

Herr Osterkorn, der „Spiegel", der „Stern", das „Manager Magazin" und mehrere deutsche Tageszeitungen haben Österreich in letzter Zeit verstärkt Titelgeschichten gewidmet, in denen sie die Alpenrepublik als das „bessere Deutschland" bezeichnet haben. Wie lautet das Bild, das Sie von Österreich haben?
Österreich hat ein sehr gutes Image bei uns in Hamburg. Ich mag es außerdem, weil es mein Heimatland ist. Aus wirtschaftlicher Sicht kann ich der Alpenrepublik nur gratulieren, da österreichische Firmen rascher Ostkontakte hatten als die Deutschen, die durch die Wiedervereinigung gebremst waren.

Ist Österreich wirklich das bessere Deutschland?
So lautete die Headline zu unserer Titelgeschichte im vergangenen Jahr. Aber es war ja nicht nur unsere Meinung, sondern es gab ja auch Zahlen, die diese Situation belegten. In Wirklichkeit ist es ja so, dass in Österreich viele Hausaufgaben anstanden und mittlerweile vieles schon gemacht wurde.

Wie beurteilen Sie Politik und Wirtschaft in Deutschland?
Ich bin gespannt: So nüchtern ist man noch nie einer neuen Bundesregierung entgegengetreten. Man guckt einmal. Möglicherweise ist es ja eine Chance – da kein Riesendruck da ist.

Was erwarten Sie sich von der neuen deutschen Regierung? Was sollte als Erstes geschehen?

Das Grundproblem, das sich durchzieht, lautet: Es gibt kein schlüssiges Konzept. Und „kleinere" Probleme gibt es genug: Wir sollten mehr in die Bildung investieren, wir haben keine Elitenförderung, ein schlechtes Schulsystem, keine Ganztagsschulen. Es müsste doch möglich sein, dies alles zu regeln.

Thomas Osterkorns persönliche Karrieretipps

1. Mache nur einen Job, der dir wirklich liegt, den du magst, für den du brennst – und nicht, weil du auf Geld oder Status spekulierst. Der Erfolg kommt dann von alleine, nicht umgekehrt.
2. Bei allen Menschen, die du kennen lernst, als Kollegen oder als berufliche Ansprechpartner, denk dran: Man trifft sich im Leben immer zweimal. Also: fair bleiben, man muss sich hinterher noch in die Augen schauen können.
3. Als Anfänger darf man sich für nichts zu schade sein. Wer als junger Reporter mal Klinken geputzt hat, weiß, wovon er redet, wenn er später selber Leute rausschickt.
4. Nutze in jedem Lebensabschnitt das, was du am meisten hast: als junger Berufseinsteiger Kraft, Ausdauer, Schnelligkeit – 35 Stunden sind eine halbe Woche Arbeitszeit. Keine ganze. Wenn man älter ist, kann man sich mehr auf seine Erfahrung verlassen – aber die muss man erst einmal gesammelt haben.
5. Nie aufhören zu lernen. Die Welt verändert sich so rasant, dass man in jedem Job, auf jeder Ebene Mühe hat mitzuhalten. Wer etwas anderes behauptet, der lügt!

Ein Österreicher als Verlagschef
Werner Ortner

Geschäftsführer des „Weltbild“-Verlages

„Der Verlagsgruppe Weltbild ist es ein Kernanliegen, Literatur und Kultur einem breiten Publikum zugänglich zu machen“, sagte er jüngst auf Anfrage eines Journalisten. Werner Ortner ist seit sieben Jahren bei „Weltbild“ in Augsburg als Geschäftsführer tätig. Die Augsburger Verlagsgruppe hat sich zu einem international erfolgreichen Medien- und Versandunternehmen entwickelt. Knapp 4000 Beschäftigte im In- und Ausland erwirtschafteten im Jahr 2005 rund 1,3 Milliarden Euro Umsatz. „Weltbild“ vertreibt Medien, mediennahe Produkte, verlegt Bücher und Zeitschriften. 20 Millionen Kunden schätzen Marke, Multichannel im Vertrieb, sorgfältig ausgewählte Produkte und attraktive Preise. „Heute kennen rund 76 Prozent der Deutschen die Marke ‚Weltbild‘. Sie steht für Qualität und Glaubwürdigkeit im Medienmarkt“, freut sich Ortner. Dabei hat der 1948 in Klagenfurt Geborene zunächst Philosophie studiert und „eine Menge gelesen“, bevor er 1978 Buchprogrammchef und stellvertretender Geschäftsführer bei Donauland (dem Bertelsmann Buchclub Österreich, dem auch der Verlag Kremayr & Scheriau angehörte) wurde. Unter seine Ägyde fällt die Herausgabe der Bestseller „Österreich I“ und „Österreich II“ von Hugo Portisch und Sepp Riff sowie „Die Gute Küche“ von Ewald Plachutta und Christoph Wagner, die ihm in der Branche einen Namen machten und mit denen er sein Talent, publikumswirksame Buchprojekte zu entwickeln, unter Beweis stellte. 1995 engagierte ihn schließlich die Verlagsgruppe Bertelsmann als Geschäftsführer für Ratgeber und Nachschlagewerke. Danach wechselte Ortner zum „Weltbild“-Verlag, wo er heute für die Bereiche Buch und

Werner Ortner

Warensortimente verantwortlich zeichnet. Zündende Ideen hat er immer noch: Furore machte er vor zwei Jahren mit seinem Projekt, gemeinsam mit der „Bild"-Zeitung eine „Bild"-Bestseller-Bibliothek herauszugeben, die Romane von 25 hochkarätigen Autoren umfasste. Laut Werner Ortner sollte damit das Genre „gehobener Unterhaltung" bedient werden.

„Wir wollen dem Buchmarkt nicht schaden, wir wollen ihm Leser zuführen. Faktum ist, dass der Buchmarkt in Deutschland jährlich eine Million Leser verliert. Und mit einem schrumpfenden Markt werden wir alle nicht glücklich", verrät der Verlagsmanager.

Der Karrierefragebogen

Was war für Sie das entscheidende Kriterium, nach Deutschland zu gehen?
Ich habe immer im Verlagswesen gearbeitet, musste aber rasch feststellen, dass Österreich über eine gewisse Größenordnung hinaus keine Aufstiegschancen bietet. Eine Weiterentwicklung war für mich daher nur auf dem deutschen Markt gegeben. Ich wollte außerdem immer schon raus aus Österreich, um etwas zu bewegen.

Wie leicht – oder wie schwer – war der Beginn für Sie in Ihrer neuen Position?
Abgesehen von der persönlichen Problematik – es war der erste Job, den ich hatte – ging ich aus Wien weg, um als Geschäftsführer für Lexika und Ratgeber bei Bertelsmann zu beginnen. Die Firma war übrigens ein Sanierungsfall. Zunächst fiel mir auf, dass der kulturelle Unterschied bedeutend war: Wir sprechen zwar dieselbe Sprache, aber die „andere Kultur" verführt dazu, dass, wenn man einen Satz ausspricht, ihn der andere zwangsläufig falsch versteht.

Es brauchte zum Beispiel seine Zeit, bis die deutschen Kollegen meinen österreichischen Humor verstanden haben.

Wie ist das Image der Österreicher in Deutschland?
Ich weiß es nicht genau. Ich hatte nie das Gefühl, dass mein Österreichertum bei meinen Kollegen eine Rolle spielte. Ich merke eher, die Deutschen wissen, dass die Österreicher gut Ski fahren, die Oper lieben, gerne und gut essen und Violine spielen. Ehrlich gesagt, habe ich derartige Dinge nie thematisiert. In der Zusammenarbeit spielt es auch keine große Rolle. Am Ende zählt nur der Job und dass man ihn möglichst gut macht.

Warum holt sich Deutschland einen Österreicher als Verlagsmanager?
Keine Ahnung. Mich hat niemand geholt, weil ich Österreicher bin, sondern weil ich für den Job am besten geeignet war. Bertelsmann hat beispielsweise einen Spanier für den Buchklub geholt. Es hat keine Rolle gespielt, dass er nur Spanisch und Englisch spricht. Umgekehrt holen sich die Österreicher ja auch immer wieder ausländische Manager ins Land. Zwar sehen das die Österreicher oft als „Bedrohung" an, in Deutschland hingegen sind das einfach Managemententscheidungen.

Was können die Österreicher besser als die Deutschen?
Wenn man in ein fremdes Land, in diesem Fall eben nach Deutschland geht, wird man automatisch mehr Offenheit, Neugier, Wachheit, Flexibilität und Aufmerksamkeit mitbringen, um sich in dieser neuen kulturellen Umgebung zurechtzufinden. Vielleicht sind Österreicher aber auch im Prinzip aber auch im Prinzip ein bisschen Flexibler als die Deutschen.

Können Sie uns ein Erlebnis erzählen, welches typisch für Österreicher oder Deutsche ist?
Gerne. Im Jahr der Fußballweltmeisterschaft, also 1980, gehe ich mit einem deutschen Kollegen durch Wien, am Café Museum vorbei. Dieses typische Wiener Café hatte damals einen Fernseher für die Fußballfreaks aufgestellt. Plötzlich sahen wir die Kaffeehausgäste jubeln. „Ha, heute spielen wir gegen Italien und Deutschland hat soeben ein Tor geschossen. Sehen Sie, wie die Österreicher uns Deutschen zujubeln, Herr Ortner?“, freute sich mein Kollege. „Ich denke, Italien hat ein Tor geschossen und der Jubel gilt dem 1:0 der Italiener“, antwortete ich meinem vis-à-vis. Ich finde, diese Begebenheit illustriert ziemlich genau, wie die Österreicher sich über Erfolge freuen können, die Andere über Detsche erzielen. Sie zeigt aber auch, dass die Deutschen erwarten, dass Österreich ihnen zujubelt.

Was bedeutet Karriere für Sie?
Ich wollte immer große Selbstständigkeit und wenig Chefs über mir haben.

Fragen zur Stimmung im Gastland

Wie ein Verlagsmanager die Unterschiede zwischen Deutschland und Österreich sieht.

Herr Ortner, der „Spiegel“, der „Stern“, das „Manager Magazin“ und mehrere deutsche Tageszeitungen haben Österreich in letzter Zeit verstärkt Titelgeschichten gewidmet, in denen sie die Alpenrepublik als das „bessere Deutschland“ bezeichnet haben. Wie lautet das Bild, das Sie von Österreich haben?
Ich halte die Titel besagter Magazine für einen „netten Spruch“, doch aus meiner Sicht ist Österreich kein zweites Deutschland. Für mich ist Österreich viel eher ein Land mit einer eigenständigen Kultur, eingebettet im Herzen Europas.

Ist Österreich wirklich das bessere Deutschland?
Wenn man in Deutschland lebt, nimmt man Österreich kaum wahr. In dieser Intensität wird auch über Irland berichtet.

Wie beurteilen Sie Politik und Wirtschaft in Deutschland?
Ich bin jetzt knapp zehn Jahre in Deutschland, doch gemessen an meiner Zeit in den 80er Jahren in Österreich, gibt es hier auf jeden Fall weniger Verquickungen zwischen Politik und Wirtschaft als in der Alpenrepublik.

Was erwarten Sie sich von der neuen deutschen Regierung? Was sollte als Erstes geschehen?
Eine solche Regierung ist im Prinzip auf Selbstblockade ausgelegt. Frau Merkel sitzt als Wirtschaftsliberale in der Regierung und macht sozialdemokratische Politik. So hat sie etwa ein liberales Steuerkonzept massiv vertreten und dafür sowohl Kritik als auch Zustimmung erhalten. Jetzt sitzt sie in einer Regierung, die die höchste Steuerquote möchte. Ob das gut geht?

Werner Ortners persönliche Karrieretipps

1. Bescheide dich nicht mit dem kleinen Rahmen, erweitere deinen Horizont, bleib neugierig auf die Welt, ändere bewusst immer wieder deinen Standpunkt, geh raus aus alten Sicherheiten und Bindungen.
2. Vergiss alle Managementtheorien und Karrieretipps, leg die entsprechenden Bücher beiseite und versuch nach besten Kräften zu arbeiten. Gib dein Bestes, sei fleißig, arbeite stets ein bisschen mehr als andere. Lebe für deine Arbeit und überdenke die Welt immer wieder neu.
3. Pflege die alten Tugenden der Aufrichtigkeit, Ehrlichkeit und Wahrhaftigkeit, achte darauf, dass ein Ja ein Ja und ein Nein ein Nein ist.

4. Achte und respektiere deine Mitarbeiter und versuche an jedem Mitarbeiter eine Eigenschaft zu entdecken, die du liebenswert finden kannst.
5. Trenne möglichst konsequent die Zeit im Beruf von der Familien- bzw. Freizeit; bleib lieber länger im Büro, als Arbeit mit nach Hause zu nehmen.

Foto: Deutsche Staatsoper Unter den Linden

Elisabeth Sobotka

Eine Österreicherin als Operndirektorin
Elisabeth Sobotka

Direktorin an der Deutschen Staatsoper Unter den Linden, Berlin

Die 1965 geborene Wienerin Elisabeth Sobotka war schon als 15-Jährige ein Opernfreak und häufige Stehplatzbesucherin in der Wiener Staatsoper. Damals schon entstand der Wunsch, später auch einmal für die Wiener Staatsoper zu arbeiten, mit Künstlern wie Placido Domingo oder Luciano Pavarotti. Nach dem Studium der Musikwissenschaften, der Publizistik, der Theaterwissenschaften und der Betriebswirtschaft sowie dem Abschluss mit einer Arbeit über den Dirigenten und Verdi-Freund Franco Faccio, besuchte Elisabeth Sobotka einen Lehrgang für Kulturmanagement bei Marcel Prawy. Danach arbeitete sie bei den Salzburger Festspielen und bei „Jeunesse Musicale" in den künstlerischen Betriebsbüros. Louwrens Langevoort, heute Intendant der Hamburger Staatsoper, holte sie von einem Tag auf den anderen nach Leipzig an die Oper. Nach einem Zwei-Jahres-Intermezzo, wo sie mit Udo Zimmermann zusammenarbeitete, kehrte sie nach Wien zurück, um die Leitung der künstlerischen Betriebsdirektion in der Wiener Staatsoper zu übernehmen. „Den Job bekam ich, als ich einen Freund in Wien besuchte. Man führte mich zu Ioan Holender, der unterhielt sich eine ganze Weile mit mir und fragte, was ich bis jetzt gearbeitet habe. Schließlich sprang er auf und sagte: „Die ist gut. Die nehmen wir", erzählt sie heute. Sie wurde Chefdisponentin und schließlich Betriebsdirektorin der Wiener Staatsoper. Acht Jahre später, im Jahr 2002, erhielt sie schließlich ein Angebot von Daniel Barenboim und Peter Mussbach, als Direktorin nach Berlin an die „Lindenoper" zu wechseln. Ein tolles Team, eine wunderbare Stadt: Sie ging wieder nach Deutschland zurück. Elisabeth Sobotka zählt heute zu den jüngsten Operndirektorinnen der Welt.

Der Karrierefragebogen

Was war für Sie das entscheidende Kriterium, nach Deutschland zu gehen?
Ich habe bei meinem ersten Auslandsjob überhaupt nicht nachgedacht, was mich dort erwarten könnte. Ich bin ein sehr emotionaler Mensch und habe aus dem Bauch heraus entschieden. Ich hatte ja zunächst ein Angebot, nach Leipzig als Assistentin von Udo Zimmermann zu gehen, wo ich dann auch zwei Jahre blieb. Danach war ich für acht Jahre wieder in Wien, und erst dann erhielt ich die Chance, als Operndirektorin nach Berlin zu gehen. Deutschland ist größer als Österreich und daher hat man auch mehr Möglichkeiten – auch ohne jemanden zu kennen.

Wie leicht – oder wie schwer – war der Beginn für Sie in Ihrer neuen Position?
In der ersten Position in Leipzig: katastrophal. Ich habe in bescheidenen Theaterwohnungen gewohnt und alles gemacht, rund um die Uhr gearbeitet. In meinem heutigen Job wurde ich 2002 als Expertin geholt und professionell aufgenommen.

Wie ist das Image der Österreicher in Deutschland?
Was soll ich sagen? Ich komme für deutsche Verhältnisse aus *der* Musikstadt und aus der Musikbranche: etwas Besseres gibt es nicht. Ich habe, bildhaft gesprochen, einen Heiligenschein und einen Bonus obendrein. Es ist im Kulturbereich hilfreich, aus Österreich zu kommen.

Warum holt sich Deutschland Österreicher als Kulturmanager?
Es ist, wie bereits erwähnt, der Österreich-Bonus, der im Kulturleben zählt.

Was können die Österreicher besser als die Deutschen?
Ehrlich gesagt, es geht in Berlin viel lockerer zu als in Wien. Es gibt hier viel mehr Platz für Verrücktheiten. In Österreich muss man doch so gut funktionieren …

Können Sie uns ein Erlebnis erzählen, welches typisch für Österreicher oder Deutsche ist?
Da fällt mir leider nichts ein …

Was bedeutet Karriere für Sie?
Für mich bedeutet Karriere, sich einen lang gehegten Wunschtraum zu erfüllen. Ich wollte immer in der Oper ein- und ausgehen. Das wird für mich immer so sein. Was ich in meiner Jugend wollte, habe ich heute erreicht.

Fragen zur Stimmung im Gastland

Wie eine Operndirektorin die Unterschiede zwischen Deutschland und Österreich sieht.

Frau Sobotka, der „Spiegel", der „Stern", das „Manager Magazin" und mehrere deutsche Tageszeitungen haben Österreich in letzter Zeit verstärkt Titelgeschichten gewidmet, in denen sie die Alpenrepublik als das „bessere Deutschland" bezeichnet haben. Wie lautet das Bild, das Sie von Österreich haben?
Ich persönlich finde, dass man Deutschland nicht mit Österreich vergleichen kann, und umgekehrt auch nicht. Ich weiß aus meiner Erfahrung, dass selbst München sich von Hamburg unterscheidet. Die Wiener wiederum glauben, dass Wien einzigartig ist. Mein Österreich-Bild ist ein sehr positives, ich genieße aber dennoch meine Arbeit in Berlin.

Ist Österreich wirklich das bessere Deutschland?
Da tue ich mir ein bisserl schwer. Ich würde aber fast sagen: Deutschland ist größer und daher das bessere Österreich.

Wie beurteilen Sie Politik und Wirtschaft in Deutschland?
In Deutschland hat man gerechtere und auch viel mehr Chancen auf dem Arbeitsmarkt. In meiner Branche, der Musik, kann man in Berlin beispielsweise viel mehr realisieren, als ich es jemals in Österreich konnte. Die Berliner sind lockerer als die Wiener. Das ist meine Erfahrung.

Was erwarten Sie sich von der neuen deutschen Regierung? Was sollte als Erstes geschehen?
Wir hoffen, dass Frau Merkel sich für unsere Oper einsetzt – sie mag sie ja sehr. Denn in drei Jahren wird der Opernstiftung massiv Geld fehlen und dann werden wir Unterstützung benötigen.

Elisabeth Sobotkas persönliche Karrieretipps

1. Man sollte immer Neugier und Risikobereitschaft zeigen.
2. Man muss Begeisterung für seinen Job haben.
3. Wichtig ist außerdem Durchhaltevermögen – besonders nach Veränderungen.
4. Man sollte Netzwerke aufbauen und auch pflegen.
5. Das Ziel darf nie „die Karriere“ sein.

Eine Österreicherin als Theaterdirektorin
Elisabeth Schweeger

Intendantin am „schauspielfrankfurt"

Sie gilt schon seit geraumer Zeit als Favoritin für die Nachfolge von Burgtheater-Direktor Gerd Bachler. Die 1954 in Wien geborene Absolventin des Lycée Français hat in Frankfurt das marode Schauspiel wieder zum Glänzen gebracht. Elisabeth Schweeger studierte zunächst Germanistik, Romanistik, vergleichende Literaturwissenschaften und Philosophie in Innsbruck, Wien und an der Sorbonne in Paris. Sie arbeitete als Lehrbeauftragte an der Hochschule für angewandte Kunst und an der Akademie der bildenden Künste, wo sie auch die Leitung des Ausstellungsreferates übernahm. 1993 wurde sie künstlerische Leiterin des „Marstall" in München und Dramaturgin am Bayerischen Staatsschauspiel. „Wenn man neugierig ist, begibt man sich auf eine Reise. Wenn man auf einer Reise etwas entdecken will, das man noch nicht kennt, kann man auch ins Theater gehen und dort neue Erfahrungen machen", bekräftigte sie bei einem Vortrag. Sie war Kuratorin der Ars Electronica, der documenta in Kassel, von OK Linz, des Museumsquartiers in Wien, sowie als Kommissärin der 49. Biennale Venedig zuständig für den Österreichischen Pavillon. Seit 2001 ist Elisabeth Schweeger Theaterdirektorin des „schauspielfrankfurt". Hier setzt sie auf eine Mischung des Programms aus Klassischem und Modernem. Frei nach dem Motto: „Vielfalt der ästhetischen Sprachen ist für mich hier in Frankfurt, einer absolut multikulturellen Stadt, programmatisch." Immerhin sind am „schauspielfrankfurt" etwa 60 bis 70 Prozent der Vorstellungen darauf angelegt, ein breiteres Publikum zu finden. Dieses hat sich in ihrer Ära übrigens deutlich verjüngt: Das Durchschnittsalter der Besucher sank immerhin von 60 auf 40 Jahre. Prinzipiell sei Frankfurt jedoch ein schwieriges Pflaster, meint sie: „In

Foto: SCHAUSPIELFRANKFURT

Elisabeth Schweeger

Wien und München ist es für jeden selbstverständlich, ins Theater zu gehen. Das kulturelle Bewusstsein ist inhärent. In Frankfurt muss man jeden Einzelnen abholen, es ist nicht selbstverständlich."

Der Karrierefragebogen

Was war für Sie das entscheidende Kriterium, nach Deutschland zu gehen?
Ich hatte einfach Angebote erhalten. Von meiner Grundeinstellung her bin ich Kosmopolitin. Dabei interessieren mich nicht nur andere Länder und andere Sitten an sich, sondern ich versuche auch inhaltliche Querverbindungen zwischen den Disziplinen aufzustellen und zu überprüfen und der Kunst ein breiteres Wirkungsfeld zu eröffnen.
In Deutschland ist die Kultur nicht anders, aber vielleicht die Herangehensweise. Es herrscht eine etwas andere Auseinandersetzung mit Kultur: Die deutschen Kulturschaffenden sind direkter und härter, und Kunst wird eher als Ort kritischer Reflexion betrachtet – nicht zuletzt, weil die ökonomischen Voraussetzungen schwieriger geworden sind.

Wie leicht – oder wie schwer – war der Beginn für Sie in Ihrer neuen Position?
Die Sehnsucht nach Österreich war am Anfang schon da. Selbstverständlich musste ich mich im ersten Jahr umstellen, denn was für ein Land stimmt, muss für ein anderes nicht unbedingt zutreffen.

Wie ist das Image der Österreicher in Deutschland?
Österreich gehört zum deutschen Sprachraum, es stellt sich diese Frage also nicht. Ob deutsch oder österreichisch spielt keine Rolle, die Qualität muss stimmen.

Warum holt sich Deutschland eine Österreicherin als Theaterdirektorin?
Man schaut doch nicht, welche Nationalität der potenzielle Kandidat für einen Job hat, sondern was er wirklich kann.

Was können die Österreicher besser als die Deutschen?
Ich weiß nicht, ob man hier überhaupt von besser oder schlechter sprechen sollte – die Österreicher haben vielleicht mehr Humor. Der Deutsche ist nicht unbedingt humorbegabt, sondern eher ein Moralist.

Können Sie uns ein Erlebnis erzählen, welches typisch für Österreicher oder Deutsche ist?
Immer wenn die anderen keinen Humor zeigen, lache ich trotzdem. Damit kann man viel erreichen.

Was bedeutet Karriere für Sie?
Das Thema „Karriere" hat bei mir nicht so einen wichtigen Stellenwert. Wichtig ist es für mich, jene Dinge, die ich will und die ich für richtig und erstrebenswert halte, zu erreichen. Ich habe ein massives kulturelles Anliegen und bin davon überzeugt, dass Kultur und künstlerische Auseinandersetzung die Grundlagen einer Gesellschaft sind. Dafür muss ich auch manchmal kämpfen.

Fragen zur Stimmung im Gastland

Wie eine Theaterintendantin die Unterschiede zwischen Deutschland und Österreich sieht.

Frau Schweeger, der „Spiegel", der „Stern", das „Manager Magazin" und mehrere deutsche Tageszeitungen haben Österreich in letzter Zeit verstärkt Titelgeschichten gewidmet, in denen sie die Alpenrepublik als das „bessere Deutschland" bezeichnet ha-

ben. Wie lautet das Bild, das Sie von Österreich haben?
Österreich wurde nicht erst durch die Ratspräsidentschaft zum EU-Zentrum. Wirtschaftlich steht dieses kleine Land viel besser da als Deutschland: Da hat sich etwas potenziert, was nicht schlecht ist. Außerdem ist Österreich ein Kulturträger.

Ist Österreich wirklich das bessere Deutschland?
Österreich ist gut aufgestellt. Dieses Land steht im Zentrum der neuen erweiterten Europäischen Gemeinschaft und kann jetzt wieder an seine historisch gewachsenen Verbindungen anknüpfen – das kann noch aufregend werden in den nächsten Jahren.

Wie beurteilen Sie Politik und Wirtschaft in Deutschland?
Das ist momentan schwer einzuschätzen. Die Lage ist zwar kritisch, aber nicht hoffnungslos, und die neue Bundeskanzlerin positioniert sich bis jetzt recht gut.

Was erwarten Sie sich von der neuen deutschen Regierung? Was sollte als Erstes geschehen?
Kultur sollte als wesentliches Fundament einer zivilen Gesellschaft anerkannt werden und den gleichen Stellenwert haben, den wir dem sozialen oder dem wirtschaftlichen Faktor einräumen. Ästhetische Bildung ist Voraussetzung einer humanen Gesellschaft und für das Fortbestehen dessen, war wir als unsere Werte und Wurzeln betrachten, existenziell.

Elisabeth Schweegers persönliche Karrieretipps

1. Sei ehrlich und achte darauf, bei Dir zu bleiben.
2. Man kommt dann voran, wenn man etwas mit Überzeugung macht, im Dialog mit den Menschen.

3. Respektiere die anderen wie du selber respektiert werden möchtest.
4. Das Ziel lautet: Prozesse zulassen. Das Ergebnis ist zwar wichtig, aber der Weg dahin für weitere Entwicklungen oft entscheidender. Scheitern ist in diesem Zusammenhang keine Schande, sondern ein Schritt, der weiter führt, um es in Zukunft besser zu machen.
5. Man muss offen und neugierig bleiben auf das Andere und die Anderen in dieser Welt, die sich ständig verändert. Es gilt, das Fremde als das Eigene erkennen und respektieren zu lernen.

Anmerkungen

1 Lucona-Skandal: 1977 wurde das Frachtschiff „Lucona" im Indischen Ozean versenkt; dabei kamen sechs Menschen ums Leben. Um die Versicherungssumme der angeblichen Ladung, Eigentümer war der Wiener Konditoreibesitzer Udo Proksch, kam es zu einem jahrelangen Prozess. Zur Klärung der politischen Verbindungen insbesondere zur SPÖ wurde 1988/89 ein parlamentarischer Untersuchungsausschuss eingesetzt.

2 Noricum-Skandal: Die im Jahr 1985 aufgedeckten illegalen Waffenlieferungen des VOEST-Tochterunternehmens Noricum an den Iran führten 1989 zur Einsetzung eines parlamentarischen Untersuchungsausschusses und zum Rücktritt des damaligen Innenministers.

3 Das englische Wort *turf* (der Rasen) ist eine Bezeichnung für Pferderennsport und Rennbahn.

4 Als *Stakeholder* (engl.= Interessenvertreter, Anspruchsberechtigter) wird eine Person oder Gruppierung bezeichnet, die ihre berechtigten Interessen wahrnimmt. Als Stakeholder gelten dabei neben den Shareholdern (die Eigentümer) Mitarbeiter, Lieferanten, Kapitalmärkte (u.a. Kreditgeber) sowie Staat, Natur und die Öffentlichkeit.

5 Direktinvestitionen sind grenzüberschreitende Investitionen, die ein Investor tätigt, um sich langfristig an einem ausländischen Unternehmen zu beteiligen und auf dessen Geschäftspolitik Einfluss zu nehmen.

6 Investitionsgüter sind Güter, die von Individuen oder Organisationen zur Weiterverarbeitung oder zur Verwendung in einem Betrieb gekauft werden.

7 Unit value = Einheitswert

8 Eine *negative Handelsbilanz* bedeutet, dass ein Land wertmäßig mehr Waren eingeführt als ausgeführt hat.

Literaturverzeichnis

Elisabeth Horvath, „Ihr persönliches Recht auf Orden & Titel in Österreich – Wie wird man Würdenträger/in“, Verlag Kremayr & Scheriau, Wien 2004.

Klaus Küng, Johannes Ott, „rotweissrote Wellenreiter – Österreichs Wandel durch Osterweiterung und wirtschaftspolitische Wende“, Molden Verlag, Wien 2005.

Jörg Mauthe, „Nachdenkbuch für Österreicher – Insbesondere für Austrophile, Austromasochisten, Austrophobe und andere Austriaken“, Edition Atelier, Wien 1994.

Jörg Mauthe, „Der Weltuntergang zu Wien und wie man ihn überlebt – Austriakische Einsichten in zukünftige Aussichten“, Edition Atelier, Wien 1994.

Erwin Ringel, „Die Österreichische Seele – zehn Reden über Medizin, Politik, Kunst und Religion“, Hrsg. Franz Richard Reiter, Verlag Kremayr & Scheriau, Wien 2005.

Wolfgang Schulz/Max Haller/Alfred Grausgruber Hrsg., „Österreich zur Jahrhundertwende – Gesellschaftliche Werthaltungen und Lebensqualität 1986 – 2004“, Verlag für Sozialwissenschaft, Wiesbaden 2005.

Hans-Werner Sinn, „Ist Deutschland noch zu retten?“, Ullstein Buchverlage GmbH, Berlin 2004

Peter A. Ulram, Silvia Tributsch, „Kleine Nation mit Eigenschaften – Über das Verhältnis der Österreicher zu sich selbst und zu ihren Nachbarn“, Molden Verlag, Wien 2004.

Studien

Arbeiterkammer Oberösterreich, „Arbeitsklima-Index“, Wien 2005.

A. T. Kearney Österreich/ Institut für Unternehmensführung der Wirtschaftsuniversität Wien, „Top Manager Index I u. II zur EU-Erweiterung“, Wien 2004.

Booz Allen Hamilton, „Chefwechsel 2003“, Wien 2004.
Fessel-GfK-Institut, „Lifestyle-Studie“, Wien 2001.
Imas-International – Institut für Markt- und Sozialanalysen GmbH:
• „Politische und wirtschaftliche Wetteraussichten“, Linz 1995.
• „Österreicher geben Deutschland, USA und Schweiz den Vorrang“, Linz 2002.
• „Interesse am politischen Geschehen“, Linz 2004.
• „Erziehungsziele in Zentraleuropa“, Linz 2005.
Institut für Change Management & Management Development der Wirtschaftsuniversität Wien, „Machtkonzentration in der Unternehmenslandschaft vor dem Hintergrund des Markt- und Strukturwandels“, Wien 2005.
Institut Retzl/ Pädagogische Akademie des Bundes in Linz, „Die kleine überschaubare Einheit ist die Wiege unserer Demokratie“, Linz 2004.
Johannes Kepler Universität , „Der ideale Politiker“, Linz 1997.
Karmasin Motivforschung, „Werbestile und Medien in den Erlebnismilieus“, Wien 2005.
Market-Institut, „Der Österreicher – ein höflicher, anständiger und pflichtbewusster Familienmensch“, Linz 2004.
Max Haller/ International Social Survey, „Nationale Identität, Nationalstolz und Chauvinismus“, Graz 2000.
Nextra Österreich, „Arbeitsbedingungen von Manager in Europa“, Wien 2005.
Roland Berger Strategy Consultants, „Österreich 2015: globalisiert, innovativ und serviceorientiert“, Wien 2005.
The World Bank, „Wo ist der Reichtum der Nationen?“, New York 2005.
Sozialwissenschaftliche Studiengesellschaft (SWS), „Was denken die Österreicher über ...“, Wien 1989.
Volkssolidarität, „Sozialreport 50+“, Berlin 2005.